时间岛图书研发中心　主编

成长要素 口才课

应急管理出版社

·北　京·

图书在版编目（CIP）数据

口才课／时间岛图书研发中心主编 . -- 北京：应急
管理出版社，2019（2023.1 重印）

（成长要素）

ISBN 978 - 7 - 5020 - 7521 - 7

Ⅰ. ①口… Ⅱ. ①时… Ⅲ. ①口才学—青少年读物
Ⅳ. ①H019 - 49

中国版本图书馆 CIP 数据核字（2019）第 096696 号

口才课（成长要素）

主　　编	时间岛图书研发中心
责任编辑	高红勤
封面设计	韩志鹏

出版发行	应急管理出版社（北京市朝阳区芍药居 35 号　100029）
电　　话	010 - 84657898（总编室）　010 - 84657880（读者服务部）
网　　址	www. cciph. com. cn
印　　刷	三河市同力彩印有限公司
经　　销	全国新华书店

开　　本	710mm × 1000mm¹/₁₆　印张　8　字数　70 千字
版　　次	2019 年 7 月第 1 版　2023 年 1 月第 2 次印刷
社内编号	20191906　　　　　　定价　31.80 元

目 录
CONTENTS

第一章

激活智慧头脑，
强大口才之力

言外之意

三国时期，曹操很喜爱曹植的才华，因此想废除太子曹丕改立曹植为太子。当曹操将这件事向谋臣贾诩征询意见时，贾诩却一声不吭。曹操就很奇怪地问："你为什么不说话？"

贾诩回答说："我正在想一件事呢！"

曹操追问道："你在想什么事？"

贾诩答："我正在想袁绍、刘表废长立幼而招致灾祸的事。"

曹操听后哈哈大笑，立刻明白了贾诩的言外之意，于是不再提废除曹丕太子之位的事了。

在南朝时，齐高帝曾与当时的书法家王僧虔一起研习书法。有一次，高帝突然问王僧虔，说："你和我谁的字更好？"

这问题比较难回答，说高帝的字比自己的好，是违心之言；说高帝的字不如自己，又会使高帝难堪，弄不好还会使

君臣关系变糟糕。

王僧虔想了想，说："您的字君王中最好，我的字臣子中最好。

高帝立刻领悟了其中的言外之意，哈哈一笑，也就作罢，不再提这事了。

心理成长

有些场合，面对一些特殊的对话人，有些话不好直说，也不能明说，对此，不如灵活动脑筋，迂回表达，也不失为一种极佳的方式。

我说的不是他俩

公司的董事老张过生日，特地邀请公司的老刘、老李、王五和老赵去饭店吃饭。菜都凉了，老赵还没来。老张急了，自言自语地说："唉，该来的还不来。"老刘听了，心想我可能是不该来的，于是，拍拍屁股扬长而去。

老张一见老刘莫名其妙地走了，着急地说："唉，不该走的又走了。"此话被老李听到了，一想，我大概是该走的，于是，也拂袖而去。王五见此情景，便劝老张："老兄，你说话可要注意啊！"老张双手一摊，对王五说："其实，我说的不是他俩。"王五听了，心想：不是说他俩，那就是说我，叹了一口气，也转身走了。老张不明究竟，吃惊地说："啊！怎么都走了？"

心理成长

说话的效果总是在一定的语言环境中表现出来的。老张好心请客反而把客人得罪了，主要是因为他没注意语言环境和语言表达方式，接连说出了不得体的信息，造成了听者的误会。

公羊下奶

一个地主病了，请郎中来治疗。郎中检查了病情后说："您的病很快就会好的，如果您能喝到公羊的奶的话。"地主惊讶地问："公羊的奶，这得从哪儿找呢？""您可以叫长工去找，他什么都能办到！"原来，这郎中是长工的仇人，想叫长工吃番苦头，故意设下毒计。

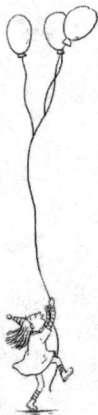

长工接到地主的口信，很快就明白了郎中借刀杀人的阴谋。他回家苦思冥想，无计可施。他女儿听到这事，却胸有成竹地说："爹爹，您别急，我有计策！"

　　第二天半夜时分，长工的女儿带了些旧衣服来到地主家附近，在地主宅子的窗下洗起衣服来，弄出很大的声音。夜深人静，这洗衣声吵得地主心烦意乱，无法入眠。地主大怒，派家丁去查看。很快，家丁把那女孩带到了地主面前。地主怒气冲冲地问："你半夜三更在这儿洗衣服，吵得我觉也睡不好！"

　　女孩装作十分害怕的样子说："我是不得已才在夜里洗衣服的。今天下午，我爹爹突然生了个小孩，我一直在忙这件事。家里连件给孩子穿的干净衣服都没有，我只能现在出来洗衣服。"

　　"什么？"地主大声喝道，"你这不是在愚弄我吗？谁听说过男人生小孩？"

　　"如果您能叫人去弄公羊的奶，那为什么男人就不能生小孩？"那女孩子不慌不忙地说道。

　　听到这里，地主笑了笑，说："你一定是长工的女儿！回去告诉你爹爹，他可以把他弄来的公羊奶留给他生出的小孩吃。"

地主听信谣言，要长工去找公羊的奶，这件事情本来是十分荒谬的，但由于是郎中的建议，根本不可能正面反驳。在这种情况下，长工的女儿灵机一动决定以谬制谬，在地主家窗下洗衣服，声称自己的爸爸突然生了小孩。地主当然不会相信男人会生孩子了，于是难题迎刃而解。长工聪明的女儿巧妙地引导地主自相矛盾，化解了父亲的难题。

刻薄鬼买酒

从前有个刻薄鬼，是个财主。有一次，刻薄鬼叫仆人去买酒，只给仆人一个酒瓶，却不给钱。仆人感到莫名其妙，便问："老爷，没有钱怎能买到酒呢？"

财主生气地说："花钱买酒谁不会？不花钱买到酒，才算有能耐呢。"

仆人听了，便拿着酒瓶走出去。过了一会儿，仆人又拿着空瓶回来说："酒买来了，请喝吧。"

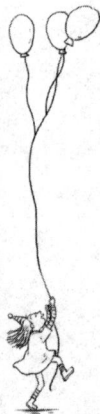

财主一见是空瓶，便大发雷霆地骂道："真是岂有此理！酒瓶里没有酒，叫我喝什么？"

仆人答道："酒瓶里有酒谁不会喝？要是能够从空瓶里喝出酒来，才算真有能耐呢！"

财主顿时哑口无言。

心理成长

刻薄鬼真是刻薄，不给钱却要仆人去买酒给他喝，还振振有词："不花钱买到酒，才算有能耐呢。"仆人灵机一动，仿照刻薄鬼的理论顺势"将其一军"："要是能够从空瓶里喝出酒来，才算真有能耐呢！"以谬制谬，财主哑口无言。

酒瓶子装鸡

在一次图书订货会的酒席上，有个叫艾东的社长对作者说："请您猜个谜语，怎么样？"作者微笑地点点头。不料艾东又说道："我这个谜语可是讲了二十年，一直没有人猜得出。"继而他的脸上露出一副得意而又狡黠的神情。

作者不甘示弱地对他说："我从三岁起就猜谜语，还没有碰到过猜不出的。"

"那好，谜语是这样的：把一只两千克重的鸡装进一个啤酒瓶里，你用什么办法把它拿出来？"

作者略加思索，很随便地答道："你怎么放进去，我就怎么拿出来。您既然是凭嘴一说就把鸡装进了瓶子，那么我就用语言这个工具再把鸡拿出来。"

艾东哈哈大笑起来，伸出大拇指说："您是第一个猜中这个谜语的人，佩服！佩服！"

作者也很开心地笑了。

艾东的谜语显然很怪：一是它的荒谬：两千克重的鸡装进了一个啤酒瓶子；二是设下圈套，把两千克重的鸡从啤酒瓶子里取出来不是不容易，而是不可能。因此，二十年间没有人猜得出。作者则根据对方的思路，机智地想出用"语言"这个工具再把鸡拿出来，成为第一个猜中这个谜语的人。这不能不说得力于以谬制谬的语言策略。

老林输棋

棋友老林讲话一向拐弯抹角，常常令人感到一头雾水。有人一直想改掉他这个坏毛病，却没有办法。

有一天，老刘终于想到一个方法。老刘邀老林一起下象棋，如果老林输了，老林就要发誓讲话不再绕来绕去；如果老林赢了，老刘要赔老林 100 元钱。老林棋艺不好，要求老彭当他的军师，老彭也非常讨厌老林说话拐弯抹角，决心整治整治老林。

下到半局时，老林节节失利，急忙求助军师老彭，但老彭只说了一个字："干！"老林不解，再度求援，老彭还是那句话："干。"最后老林的棋被老刘将死，老林大叫："不公平，我的军师背叛我。"老彭道："背叛？我说'干'，干就是窃；窃，你应该会联想到'窃比于我老彭'；彭，必定会想到彭祖；而彭祖活了八百年，但八百年只不过铁拐李打个盹，打盹就是睡，睡就是小死；死，在帝王叫崩，诸侯叫薨，一般人就叫卒，我明明告诉你动卒，怎么说我背叛呢？"老林哑口无言，暗暗发誓，一定改掉说话爱拐弯抹角的毛病。

心理成长

良好的开端是成功的一半。对谈话而言，愉快的开头是谈话得以深入下去的关键所在。说话总是拐弯抹角，绕来绕去，让人摸不着头脑，会造成理解困难，形成交流障碍，以至无法与他人正常交际。

巧言妙语中化解窘境

著名诗人阿庆应邀到某大学中文系作家班举办学术讲座。诗人讲到自己的诗作时，准备朗诵一段，可诗稿却放在

一个学员的课桌上了，于是诗人便走下讲台去拿。由于是阶梯式教室，诗人上台阶时，一不留神一个趔趄摔倒在第二级台阶上了，学员们顿时哄堂大笑了。

诗人稳住身子，转向学员，指着台阶说："你们看，上升一个台阶多么不易，生活是这样，作诗亦如此。"这一哲理性的话语顿时赢得了热烈的掌声。诗人笑了笑，接着说："一次不成功不要紧，再努力！"说着，装着用力的样子走上讲台，继续他的讲座。

有一次，林肯在擦皮鞋，某外交官不无揶揄地问："总统先生，您总是擦自己的靴子吗？"林肯不动声色地回答说："是啊，那您经常擦谁的靴子呢？"林肯的高明在于巧妙地绕开了对方提出的一个判断性问题，进而找出破绽，给对方回敬了一个特指性的反诘。

1972年，尼克松访华，登长城的时候，他因为腿疾只上了三步石级，就站着不动了。于是有记者就问他："总统先生，您为什么不登上最高峰呢？"尼克松轻松地说："昨天我与你们的毛泽东主席的会见已经是最高峰了。"尼克松的高明在于他智慧与机变，巧妙地避开私事谈国事，虽答非所问，却趣在其中。

灵活运用智慧的头脑，巧妙地组织说话言语，既能消除尴尬，又能活跃气氛，还能愉悦人们的心情！真可谓一举多得！

有口无心的遗憾

有一个人，为人耿直，心地也十分善良，可是周围却很少有人能跟他谈得来，因为他不懂得表达，经常会说一些有口无心的话，使人感到不舒服。虽然熟悉他的人也都知道他本是有口无心的，完全没有恶意，可是实在不愿意和他在一起谈天说地。

一次，他去参加一位同学的婚礼。新娘子苗条靓丽，前来祝贺的人都夸新郎好福气。可是他说的话却令在场的人无不感到惊讶，新郎新娘更是既尴尬又心怀怒气。他是这样说的："现在人们都喜欢苗条的女孩子，女士们也都以苗条为美。苗条也许看起来赏心悦目，其实却不利于身体健康。身体过

于单薄的人容易得重病，而且自身免疫力不好，一旦得病就很难治愈。古代就有人说腰身细弱其实是一种薄命相……"

在如此喜庆的场面，他却说出这些不吉利的话，实在是令人懊恼。好在新郎新娘有涵养，又素知他的为人，所以当时也没跟他计较，可是心里却很是不悦，慢慢地与他的交情也明显冷淡了许多。

不久后，在一次同学聚会中，有人提到一位没有到场的恩师退休后比过去胖了许多。这时他又来了一句："中老年人发胖容易中风，咱们的老师没有中风吧？"当这话传到这位恩师耳中时，恩师自然十分生气，原本还打算推荐他到一个朋友的公司中担任要职，结果可想而知。

心理成长

很多时候，人缘不好，不是因为人品有多不好，而主要是因为老犯有口无心的错误。以致别人对你产生越来越坏的印象，甚至不再同你交往。所以，说话时多思量一下，这样表述是否得体。言语不可不慎，否则，害人害己。

对簿曹知府

　　明初，有一知府姓曹，自称是三国时曹操的后代。一日，他去戏院看戏，正遇上演《捉放曹》。扮演曹操者姓赵名生，演技高超，把曹操的奸诈、阴险表演得惟妙惟肖。曹知府见自己祖先被侮辱，不觉大怒，当即派公差传赵生进府治罪。公差欲带走赵生，赵生不明其故，公差以实告之，赵生微微一笑，随公差进府。

　　曹知府见赵生昂然而来，拍案喝道："尔等小民，见本府怎不下跪？！"

　　赵生瞪眼答道："大胆府官，既知曹丞相前来，怎不降阶而迎！"

　　曹知府气得脸色铁青："你，你，谁认你是曹丞相？你是唱戏假扮的！"

　　赵生冷笑一声："哼，大人既知我是假扮者，那又为何当

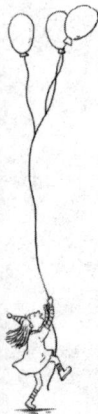

真，为何要我进府治罪呢？"

曹知府张口结舌，无话可答，忙赔礼送走赵生。

心理成长

　　曹知府自称是曹操后代，因而要捉拿扮演曹操的演员治罪，此论十分荒谬，此举十分荒唐。而演员赵生也有胆有识，先以谬治谬："大胆府官，既知曹丞相前来，怎不降阶而迎！"迫使曹知府予以否认，并说出实话："你是唱戏假扮的。"赵生见机行事，接过话题，说出正理："大人既知我是假扮者，那又为何当真，为何要我进府治罪呢？"多么机智而漂亮的应对之语，驳得曹知府理屈词穷，不得不"忙赔礼送走赵生"。

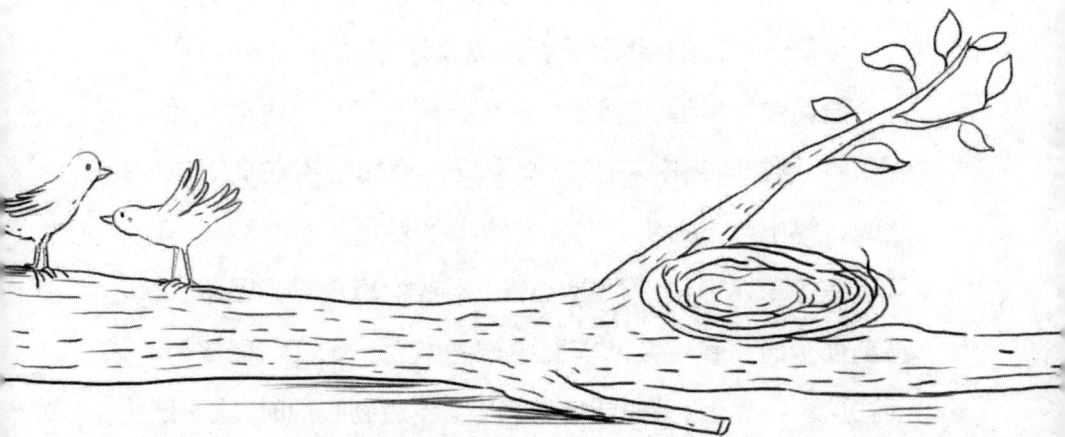

不卑不亢的诗人

乌克兰诗人谢甫琴科于 1814 年生于一个农奴之家。他后来虽然赎了身，却因为写了许多革命诗歌，被流放到奥伦堡草原。他为人幽默，尤为傲视权贵。谢甫琴科喜欢随渔民去划船，捕鱼后就到小店去闲坐。

有一次，他在小店里遇见一位权贵，此人和他聊了一会儿，分别时，这位权贵向谢甫琴科伸出手来，却只给了一个指头，说："当我向地位相等的人表示敬意时，我伸出双手；比我低一级的人，我伸出四个指头；再低一点儿的是三个指头；更低一点儿的是两个指头；对其他人是一个指头。"

谢甫琴科笑道："我是个农民，没有官位，怎么办呢？先生，我给你半个指头吧。"说罢，他将拇指夹在食指与中指之间，露出半个指头，向权贵伸出手去。

美国著名哲学家爱默生说：当我们真正感到困惑、忧伤甚至痛苦时，我们会从软弱中产生威力无比的愤慨之情。人活在这个世界上，首先要自尊自重。当遭到歧视时，决不低头，在强大的势力面前不卑不亢，这样才会赢得别人的尊重。

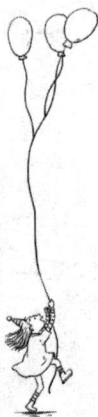

巧妙地展示自己的实力

美国著名的柯达公司创始人伊斯曼，捐出巨款在罗彻斯特建造了一座音乐堂、一座纪念馆和一座戏院。为承接这批建筑物的室内设施，许多制造商展开了激烈的竞争。

但是，找伊斯曼谈生意的商人无不乘兴而来，败兴而归。

正是在这样的情况下，"优美座椅公司"的经理亚当森前来会见伊斯曼，希望能够谈妥这笔价值九万美元的生意。

伊斯曼的秘书在引见亚当森前，就对亚当森说："我知道您急于想得到这批订货，但我现在可以告诉您，如果您占用了伊斯曼先生五分钟以上的时间，您就完了。他是一个很严厉的大忙人，所以您进去后要快快地讲。"

亚当森微笑着点头称是。

亚当森被引进伊斯曼的办公室后，看见伊斯曼正埋头处理桌上的一堆文件，于是静静地站在那里仔细地打量起这间办公室来。亚当森是一位资深的家具制造商，对木料有着敏锐的鉴赏能力。他发现，这间办公室的装修木料非常考究。

过了一会儿，伊斯曼抬起头来，发现了亚当森，便问道："先生有何见教？"

秘书为亚当森作了简单的介绍后，便退了出去。这时，亚当森没有谈生意，而是说："伊斯曼先生，在等您的时候，我仔细地观察了您这间办公室。我长期从事室内的木工装修，但从来没见过装修用料如此考究的办公室。"

伊斯曼回答说："哎呀！您提醒了我差不多忘记了的事情。这间办公室是我亲自设计的，当初刚建好的时候，我喜欢极了。但是后来一忙，一连几个星期我都没有机会仔细欣赏一下这个房间。"

亚当森走到墙边，用手在木板上一擦，说："我想这是英国橡木，是不是？意大利的橡木质地不是这样的。"

"是的，"伊斯曼高兴地站起身来回答说，"那的确是从英国进口的橡木，是一位研究室内橡木的朋友专程去英国为

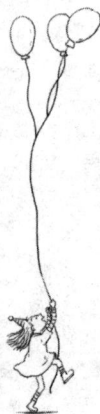

我订的货。您真是独具慧眼，不愧是业内人士。"

此时，亚当森微笑着聆听，饶有兴致。

亚当森看到伊斯曼谈兴正浓，便好奇地询问起他的经历。伊斯曼便向他讲述了自己青少年时代的苦难生活，母子俩如何在贫困中挣扎的情景，自己研发柯达相机的经过，以及自己为社会所做的巨额捐赠……

亚当森由衷地赞扬他的功德心。

本来秘书警告过亚当森，谈话不要超过五分钟。结果，亚当森和伊斯曼谈了一个又一个小时，一直谈到中午。

最后伊斯曼对亚当森说："上次我在日本买了几张椅子，放在我家的走廊里，由于日晒，都脱了漆。昨天我上街买了油漆，打算亲自把它们重新漆好。您有兴趣看我的油漆表演吗？表演结束后，到我家里和我一起吃午饭，再尝尝我的厨艺。"

午饭以后，伊斯曼便动手把椅子漆好，受到亚当森的称赞，他深感自豪。

直到亚当森告别的时候，两人都未谈及生意。

在后来的交往中，亚当森以业内专家的优势不但得到了大批的订单，而且和伊斯曼结下了终生的友谊。

心理成长

为什么伊斯曼把这笔大生意给了亚当森，而没给别人？

这与亚当森的智慧和口才有很大关系。在短短五分钟内，要取得合作者的信任，并非易事，亚当森深知，只有从对方感兴趣的话题切入，才有可能获得进一步交流的机会。于是他从对方熟悉的环境谈起，并巧妙地显示了自己的专业才能，为自己创造了优势，从而获得了对方的好感和信任。

优孟哭马

楚庄王十分爱马，特别是他最爱的那几匹马，让它们住在豪华的厅堂里，身上还披着美丽的锦缎，吃的是精细的草料，伺候它们的人数竟是马的 3 倍。

由于这些马天天过着养尊处优的日子，从不被拉出去运动，因此别看一个个长得肉肥但一点也不健壮，其中有一匹肥马就因此丧了命。楚庄王看到自己心爱的马匹死了一匹很是伤心，而且决定要为这匹马举办一场隆重的葬礼：一是要用高级的棺椁来装殓这匹马，并以大夫的标准来安葬它；二是要全体臣子们都向这匹马致哀。对楚庄王这些过分的举动，大臣们深感难以接受，就纷纷进谏劝阻。可是，楚庄王根本听不进去，还愤怒地传下命令："谁若是再来劝阻，一律斩首不饶。"

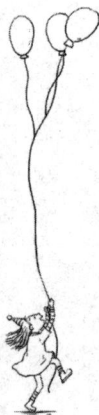

其中，大臣优孟是个明聪人，他径直闯进宫去，见到楚庄王便大哭起来。楚庄王吃惊地问他，说："爱卿，什么事令你哭得这么伤心呢？"

优孟抹抹泪眼回答说："大王心爱的马死了，实在令人伤心。还有，那是大王所钟爱的马啊，怎么能用大夫的葬礼来为它办理丧事呢？这实在是太轻视了些，应该以国君的葬礼送别才对啊！"

楚庄王问道："这话怎么讲呢？"

优孟回答说："依我看，应该用美玉做马的棺椁，再调动大批军队，发动全城百姓，为马建造高贵华丽的坟墓。到出丧那天，要让齐国、赵国的使节在前面开路；让韩国、魏国的使节护送灵柩。然后，还要追封它为万户侯，为它建造祠庙，让马的灵魂长久地接受百姓的供奉。这样，天下所有的人才会知道，原来大王是真正爱马胜过一切的。"

楚庄王听后，顿时醒悟了，非常惭愧地说："我是这样的重马轻人吗？我的过错可真是不小呀！你看我该怎么办才好呢？"

优孟心中高兴了，趁此机会俏皮地回答说："那太好办了，我建议，以炉灶为厅堂，大铜锅为棺椁，放进花椒佐料、生姜桂皮，把火烧得旺旺的，让马肉煮得香喷喷的，然后全部填进大家的肚子里就是了。"

一席话说得楚庄王也哈哈大笑起来。从此，楚庄王也改变了原来爱马的方式，把那些养在厅堂里的马全部交给了将士们使用，那些马也得以经风霜、见世面，锻炼得非常健壮。

心理成长

"话有三说，巧说为妙。"如若劝说他人直来直去不行，不如动动头脑，因势利导，用巧妙的言语层层深入地传达自己的意见和建议，也能收到良好的效果！聪明、善言辞的优孟不就是我们的好榜样嘛！

竞选人的电视辩论赛

1960 年，尼克松败在肯尼迪手下，是因为在电视辩论中表现出来的风度与谈吐均不如肯尼迪。后来的里根之所以能当上总统，也与他在当电影演员时培养出来的潇洒风度和练就的好口才有很大的关系。同样，在克林顿与布什的竞争中，也存在着口才的较量。从外部形象来看，年仅 46 岁的高大、英俊的克林顿当然比年纪老迈的布什占有很大的优势，但布什是一个很难对付的对手，他是一个老牌政客，在从政经验丰富与外交成就显赫这两个方面，克林顿无法与他相比。故而克林顿在三次电视辩论中决定采用以柔克刚的办法，不

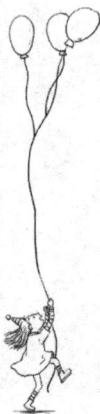

咄咄逼人，不进行人身攻击，在广大听众面前展示出一个沉着稳重、从容大度的形象。

在 1992 年 10 月 15 日的第二次电视辩论中，辩论现场只设一个主持人，候选人前面都没有讲桌，只有一张高椅子可坐，克林顿为了表示他对广大电视观众的尊敬，一直没有坐下，并且在辩论中减少了对布什的攻击，把重点放在讲述自己任阿肯色州州长 12 年间所取得的政绩上。克林顿的这种以柔克刚、彬彬有礼的做法，立即赢得了广大电视观众的好感。

在最后一次电视辩论中，克林顿英俊潇洒的姿态、敏捷的论辩与幽默机智的谈吐使他大出风头。他对布什的责难进行了有效的反驳以后，很得体地对广大电视观众说："我既尊重布什先生在白宫期间的为国操劳，又希望选民能鼓起勇气，敢于更新，接受更佳人选。"话音刚落，掌声雷动。

没有咄咄逼人的竞选演说词，却以诱导剖析的心态争取了更多的选民。这种"动之以情、晓之以理"的演说为他以后成为总统奠定了坚实的基础。

后来的事实证明，克林顿不仅是一位成功的政治家，也是一位成功的演说家，克林顿的总统生涯，以及后来的若干年内他周游全国及世界，优异的口才与演说为他赢得了众多"粉丝"。时至今日，克林顿所到之处，其演讲口才都给人留下了深刻的印象。

电视辩论不但可以显示总统候选人的竞选主张，更重要的是能展示候选人的素质和能力，如形象、风度、思维能力、表达能力、应变能力等。克林顿抓住电视这个受众面最广的传媒，在辩论中以说"礼"话的策略与布什竞选，赢得了广大选民的信任和支持，也展示了其自身良好的风度和形象。

吸血的红发鬼

从前，有不少外商被我国的巨大市场吸引，来我国投资经商，但也有个别商人以洽谈业务为名，来讥讽甚至损害中国人的人格。

在一次外贸谈判中，一位红头发的西方商人提出一些无理要求被我方拒绝后，竟然恼羞成怒，出口伤人：

"代表先生，我看你皮肤发黄，大概是营养不良造成你的思维紊乱了吧？"

中方代表忍无可忍，立即反击道：

"经理先生，我觉得你很奇怪，看你皮肤发白，说明你

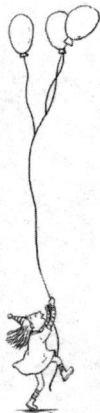

严重失血，造成思维错乱；但你又大腹便便，头发发红，说明你吸了不少他人的血，怎么还是头脑发昏呢？"

心理成长

在商贸谈判陷入僵局时，外商竟以中方的黄皮肤做文章，显然这是一种人身攻击、人格侮辱，是可忍，孰不可忍。然而，正面驳斥未免太认真太严肃，也太不值得。于是，中方代表依照这名外商的推论方式，以谬制谬，既揭露了对方贪婪的本性，又维护了中国人的尊严。

阻断推销员

有一天，一位业务员推开罗老师家的门，说："您能不能给我十分钟的时间，做一项民意调查？"

对方是十分认真的，所以，罗老师如果有时间，陪他聊聊是无所谓的。可是，很不巧的是罗老师的爱人不在家，只有他自己，而且他正在赶一份急稿。

罗老师正感到为难时，业务员很快发现了门边的按摩椅。

于是他开口说："您好像对按摩椅……"

罗老师不得不打断他的话："不，那是我夫人偶尔……"

"哦，夫人经常用，那真好……"

"不好，她不在家……"

"那么请借用五分钟……"

"呀，已经超过十分钟了吧？"

这样一来一去，那位业务员只好知难而退了。

心理成长

从说话的情况来看，这位推销员很想要挑起话茬，引出谈话的内容；所以如果在他"你好像对按摩椅……"之后回答一句"嗯，马马虎虎"，那么，接下去肯定会有"是不是现在身体有什么不适"之类的问话而纠缠不休，然后一直引导到所推销的产品上。为避免这样的结果，在推销员的话题尚未接续、展开之前，先将其割断，那对方就无计可施了。

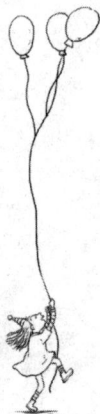

买袜子之争

"嗨，棉袜子，每双4元！"一汉子的高声吆喝，吸引一女青年从其摊位上挑了一双。她付了款，转身欲走，那汉子急忙拦住她："哎，还差6元。"女青年大惑不解："每双4元，我只要了一双，不是已经付给你4元了吗？"那汉子狡黠地一笑："哪里哟，我喊的是'每双 10 元'。"女青年愤然道："我明明听的是'4 元'，现在你又说'10 元'，这不是存心欺骗吗？"那汉子眼睛凶狠地一瞪，大吼道："谁欺骗你了？我喊的就是 10 元！"女青年有些惶恐，怯怯地说："10 元？那我不要了，退钱给我吧。"那汉子更了不得，气势汹汹地指着女青年："你耍我？今天我还没开张，你就要触我霉头？休想！说要就得要！快点，再补 6 元来！"那神情，似乎要把女青年一口吞下。

女青年看起来难以脱身了，不料她反倒哈哈大笑起来："你吓唬谁呀？你自己看看，这种袜子，能值 10 元吗？给你 4 元，都已经抬举你了。"

"我要的是 10 元，你为啥给 4 元？"

"我听见你喊的就是 4 元。从目前的行市来说，顶多也就这个价。"

"我喊的就是 10 元，你自己听错了，你怪谁。"

"'4'和'10'，在声音上是有明显区别的。如果要存心敲诈顾客，故意混淆他们的发音，即使占点便宜也只能得逞一时，最终吃亏的还是你自己。"

"谁敲诈了？我吃亏不吃亏，关你啥事？"

"啊哟，你做生意难道不是为了赚钱？要赚钱，最起码的一点就是得讲信誉。硬要把'4'说成是'10'，这不是敲诈是什么？不顾信誉，你生意还做得下去吗？今天我就是给了你10元，你还能敲诈得了第二回吗？"

"我……我喊的，是10……10……元。"

"现在，不管你喊的是'4'，还是'10'，市场的买卖双方，都是依质论价的。像这种棉袜，如果你喊10元，我绝不会买。可以说，任何人都不会买。这一点，你比我更明白。"

"真……的，我喊的是……10元，你又没还价，就表明你同意我喊的价了。"

"好，就算你喊的是10元。我付4元给你，就表明我认为它只值这个价，这难道不是一种具体的、实实在在的还价吗？还用得着多说话吗？要是你觉得不合算，可以不卖；同样，你硬要10元，我也可以不买。这是市场交易的起码原则。强买、强卖都是违法的。你想去工商所的话，我陪你！"

"好好好，便宜你了，算我倒霉……"

心理成长

女青年真是据理力争、力挽狂澜。不难看出，开始时，由于那汉子的无赖，使她处于困境之中。但她坚信自己并没有听错，是对手在敲诈，于是运用智慧，冷静处理，很快调整了自己的战术：坚定不移地揭露他，击中他的要害，最终扭转颓势，战而胜之。

第二章

把话说"活"，
提升口才之美

打了好赶路

小周驾驶着载人又装货的汽车在公路上行驶，边跑边放音乐。

这时，后面来了一辆小轿车，鸣笛几次，想要超车。由于笛声"秀气"，小周和他的同伴都没有听见，一直没有为小轿车让行。

小轿车最后终于瞅准机会超过了小周的车，便在前面停下挡住了小周的去路。小轿车上的几个人都下了车，对小周的伙伴们又是指责又是推搡。

小周的伙伴们也不甘示弱，眼看一场械斗就要开始了。

这时，小周很冷静，他下车走上前去，边脱衣服边大声说："同志们，我今日虽然不是有意堵着小车，但是给大家带来了麻烦，该打。我脱了衣服，让你们打起来更方便，但你们快点儿打，打了大家好赶路。"

小周这么一说，反而把大家都逗笑了。大伙都说"算了"，

便各自赶路了。

心理成长

小周利用以柔克刚之法，将责任揽到自己头上，话语幽默又透出真诚，从而化解了矛盾。如果一味强硬，势必酿出祸端，于人于己都十分不利。

不止两个女人

一位日本政治家在演讲时，遭到当地某个妇女组织代表的指责：

"你作为一个政治家，应该考虑到国家的形象，可是听说你竟和两个女人发生了关系，这到底是怎么回事呢？"

顿时，所有在场的听众都屏声敛气，等着听这位政治家的桃色新闻。

政治家并没有感到窘迫难堪，他十分轻松地说道：

"才不止两个女人，现在我还和五个女人发生着关系。"

这种直言不讳使代表和听众如坠雾里云中，迷惑不解。

然而，政治家继续说：

"这五位女士，在年轻时曾照顾我，现在她们都已老态龙钟，我当然要在经济上照顾她们，精神上安慰她们。"

结果，这位代表无言以对，场内掌声如雷。

心理成长

这位政治家并没有强行替自己辩护，反而淡化争论，借着对方的话先承认自己有问题，接着话锋一转使对方"所认为的问题"不成问题，锁住了对方的刁难之心。这充分体现了把话说"活"、以柔克刚的谈话技巧。

工程师的谈判

1986 年，南方某玻璃厂与美国玻璃公司谈判引进设备事宜，在全套引进还是部分引进这个问题上僵持住了。双方各执一词，相持不下。南方玻璃厂首席代表为使谈判达到预定的目标，决定打破这个僵局。他略经思索后，笑了笑，换了一种轻松的口气，避开争执的问题，说道："你们 E 公司

的技术、设备和工程师都是世界一流的。你们投进设备，搞技术合作，帮我们把厂搞好，只能用最好的东西，因为这样，我们才能够成为全国第一。这不单对我们有利而且对你们更有利。"E公司的首席代表是一位高级工程师，他听到这番话后自然很感兴趣。气氛一下就活跃而轻松了，但这只是玻璃厂首席代表想要达到目标的第一步，更重要的还在后头。于是，他乘势话锋一转，接着说："我们厂的外汇的确很有限，不能买太多的东西，所以国内能生产的就不打算进口了。现在，你们也知道法国、日本和比利时都在跟我们北方的厂搞合作，如果你们不尽快跟我们达成协议，不投入最先进的设备、技术，那么你们就要失掉中国的市场，人家也会笑话你们E公司无能。"僵局立即得到了缓解，最后终于达成了协议。

心理成长

在这里，南方玻璃厂首席代表巧妙地运用了话题转换，不仅打破了僵局，而且达成了共识，使南方玻璃厂节省了一大笔外汇。在具体运用话题转换时，必须注意两点：第一，自然得体。既不能纠缠分歧，又不能离题太远，要围绕预定的目标，循序渐进，环环相扣，逐渐进入和谐谈判的境地。第二，情理交融。使用的语言既要有情又要有理。

只有这样，才能感人，说服人，取得理想的转换效果。

"见面"不能鞠躬

有一次，沙皇召见乌克兰著名诗人谢甫琴科，谢甫琴科到达皇宫，从头到脚打量了一下沙皇，然后昂首站立。

沙皇望着文武百官把腰弯成虾米状，深深地向他鞠躬致敬的场景，对这个陌生人不由大怒。

"你是什么人？"

"我是谢甫琴科。"

"你胆敢不给我鞠躬？我是至高无上的沙皇，吾士吾民谁见我不低头！"

文武百官面面相觑，心想这个穷酸诗人谢甫琴科这下可要犯死罪了。

沙皇气得满脸通红。

谢甫琴科镇定自若，平静地问沙皇："是不是您下令召见我的？"

"是呀，"沙皇冷冷一笑，"这与鞠不鞠躬没什么关系吧？"

"不，不。"谢甫琴科一字一顿，"是您要见我的，不是我要见您。如果我也像他们一样给您低头弯腰行礼，您如何认清我的面容呢？"

沙皇无言以对，只好作罢。

心理成长

从君臣礼节上看，参见沙皇，鞠躬致敬理所应当。然而，对不愿"摧眉折腰事权贵"的诗人谢甫琴科来说，却不屑于此。于是一种反差巨大的场面便出现了：恭顺的文武百官深深弯下了腰，而谢甫琴科凛然屹立，这大大地激怒了沙皇。而谢甫琴科灵活运用语言，曲意直解也顺理成章，沙皇无言以对，不得不被其坚强的意志、幽默的口才所折服。

国王与王后

有一天，国王到宫外检阅军队，出发前碰到了这样一件事：有个农民的马产了匹小马驹，小马驹下地后跑了，并卧到了另一农民家的两头牛中间。牛的主人起了贪念，就说是自己的牛生了这个小马驹。为此，两个农民争吵了起来。国王知道了，没多想就定了判决——那个小马驹现在哪里就是谁的。

小马驹的主人觉得很不公平和委屈，但也没办法去找威严的国王评理。后来，他听说王后出身贫苦，而且很仁慈，就去求她帮忙，要回自己的小马驹。王后对他说："如果你保证不讲出是我出的注意，我就告诉你怎么做。"小马驹的主人高兴地答应了。

第二天，那个农民果然按照王后教给她的办法，站在了大路上打鱼。国王经过时看见了，就派传令兵去问怎么回事。那个农民告诉说："我在打鱼。"传令兵冷笑了一声，问："水都没有，怎么打鱼？"农民回答说："太好打了，就像牛能生小马驹一样，我在地上也能打到鱼啊！"传令兵将这话如实转报给了国王。

国王下令将这个胡言乱语的人带到了跟前，严厉责问谁出的主意。农民刚开始说，是自己想出来的。国王不信，令人对他进行了拷打、逼问，这才问出来原来是王后的注意。

国王回到家中，对妻子进行了严厉的斥责，说："你怎么对我不忠？我要狠狠地惩罚你，你还是从哪里来回哪里去吧。

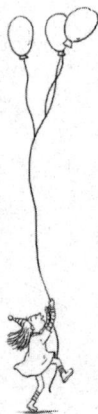

不过，你可以带走一样，你认为最心爱、最珍贵的东西。"

王后说："好吧，亲爱的丈夫，既然你这样命令，我照办就是了。"然后，王后让人送来一种酒——安眠酒，与国王饮酒告别。国王喝了一大口，而她却只呷了一点点。不久，国王就睡熟了，王后让侍从拿来一块白净漂亮的麻布，把国王包在里面。接着，侍从们奉命把国王抬到了停在门前的车上。年轻的王后驾着马车把国王运回了自己原来的小屋。

国王睡了整整一天一夜。醒来时，他环顾四周，不知道自己此时竟在哪里。国王大喊侍从，可一个人都没有，正感到奇怪时，他看见自己的王后走到床前。王后看着国王，温柔地说："亲爱的国王，我已经听从了您的安排离开皇宫了。可是，您告诉我可以从宫中拿走一样我认为最心爱和最珍贵的东西，我觉得没有任何东西比您更可亲、更珍贵的了，所以很抱歉，我把您带回来了。"

聪明的农家女——王后，不但用自己的口才赢得了国王的心，更用自己的真心打动了国王，证明了自己的忠诚。

国王感动得满脸是泪。后来，国王把她带回了皇宫，并与她重新结为夫妻。

故事曲折有趣，扣人心弦。"我觉得没有任何东西比您更可亲、更珍贵的了"可谓既真诚，又聪慧，使事情的转变具有极大可能性。正如著名思想家、文学家爱默生所言：每一种挫折或不利的突变，是带着同样或较大的有利的种子的。而这其中的土壤我们不得不说，是一个人突破性的思维，永不退缩的行动，更是一个人灵活有利的言语。

六个鸡蛋

在湖北农村有个风俗习惯，家里来了贵客，以鸡蛋为敬。有位老汉到外甥家做客。刚巧在外面读书的外甥女也在家，她主动为舅舅烧火煮蛋。谁知端到桌上，舅舅拿着筷子迟迟不吃。她妈一看，糟了，舅舅碗里是 6 个鸡蛋。这是当地最忌讳的，它的谐音是"禄断"。妈妈责怪女儿说："你怎么给舅舅煮 6 个蛋呢？你知道念起来是什么吗？"

女儿毕竟是聪明人，一下子明白了含义。她从容不迫地

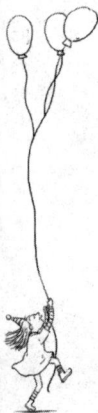

说："您怎么能那样看呢？依我看，一个鸡蛋一个圆，满满的金色福气包裹在内。6个鸡蛋象征舅舅已经稳稳妥妥、圆圆满满地度过了60个春秋，我再敬舅舅一个鸡蛋。"

说着，她从自己碗里夹一个鸡蛋给舅舅："祝舅舅健康地进入60岁。等到舅舅70岁生日时，我再来敬送鸡蛋，祝舅舅健康长寿。"一席话，说得她妈妈和舅舅眉开眼笑。舅舅当场赞扬她说："还是读书人乖！"

心理成长

在特定的环境里，话题已定，别无他法，只有在已定的话题上找突破口，进而灵活做文章，从而摆脱困境。

先生巧言取"薪水"

从前有个财主，想请一位很有学问的老秀才做儿子的私塾先生。老秀才深知财主贪财吝啬，便写出一纸条约，因古代写文书不用标点，财主一看是："无鸡鸭也可，无鱼肉也可，无米面也可，无银钱也可，唯青菜豆腐不能少。"他觉得这条件太便宜了，便慨然答应。

先生到了家里，书教得也很认真。而财主呢，既未给先生吃鸡鸭鱼肉，又不付给先生米面银钱养家，整日只是青菜豆腐。到了年底，财主要打发先生空手回家，先生终于开口质问，为什么不履行既定的条约。财主拿出当时的契约，摇头晃脑地念了一遍后说：

"你写的条约，鸡鸭鱼肉米面银钱，没有都可以，就是不能少了青菜豆腐。青菜豆腐每天给你吃了，你还想要什么？"

先生冷笑了一声说道："我明明写的是：无鸡，鸭也可；无鱼，肉也可；无米，面也可；无银，钱也可。唯青菜豆腐不能少。你一年不给我吃鸡鸭鱼肉，也就算了，但这米面银钱乃我养家薪水，断不能含糊。如你无米、无银，给面、给钱也可以啊！"

财主一听，原来这里还有埋伏，自知理亏，只好按照常例，支付了先生的薪水。

心理成长

本例中是一"点"之差，天壤之别。老财主怎能与老夫子斗文，真是聪明反被聪明误，折了钱财又理亏。

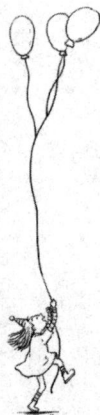

智斗议员

美国著名作家马克·吐温在一次演说中，当谈到国会中某些议员卑鄙龌龊的行径时，情绪激动，不能自已地说道："美国国会中有些议员简直太过分了！"事后，这些议员联合起来攻击马克·吐温，要求他赔礼道歉，承认错误，并扬言如不照办，就要向法院控告他诽谤罪。

马克·吐温于是在报上发表了这样一个声明：

"本人上次谈话时说'美国国会中有些议员简直太过分了'，确有不妥之处，而且不符合事实。现郑重声明更正如下：'美国国会中有些议员并不过分。'"

这样一来，那些议员无法追究他的诽谤罪了，可却陷入了更尴尬的境地。

心理成长

这里马克·吐温正是利用了曲意直解的手段，巧妙地又骂了一次国会议员。从字面上看，马克·吐温在向国会议员们道歉，而这一"道歉"比第一次骂得更痛快淋漓。

智解"老头子"

纪晓岚中进士后，当了侍读学士，陪伴乾隆皇帝读书。

一天，纪晓岚起得很早，从长安门进宫，等了很久，还不见皇上到来，他就对同来侍读的人开玩笑说："老头子怎么还不来？"

话音刚落，只见乾隆皇帝已到了自己的跟前。

因为皇帝今天没有带随从人员，又是穿着便服，所以没有引起大家的注意。皇上听见了纪晓岚的话，很不高兴，就大声质问：

"'老头子'三字做何解释？"

旁边的人见此情景都吓了一身冷汗。

纪晓岚却从容不迫地跪在地上说："万寿无疆叫作'老'，首领叫作'头'，圣贤者叫作'子'。"

乾隆皇帝听了这个恭维自己的解释后，就转怒为喜，不再追究了。

在不协调的交际中，成功地运用曲意直解可以化解矛盾，帮助交际者走出困境。纪晓岚正是成功地运用了这一方法，将对乾隆皇帝有不尊性质的"老头子"三字，巧释为"万寿无疆""首领""圣贤者"。这样不但化险为夷，而且变辱为恭。

辩才东方朔

东方朔是汉朝时一位著名的辩才。

有一次，汉武帝到上林苑游玩，看见一棵好树，问东方朔叫什么名字，东方朔随口答道："叫善哉！"武帝让人记下这棵树。过了几年汉武帝又问这棵树叫什么名字，东方朔随口答道："叫翟所！"武帝有些不高兴地说："你已经欺骗我很长时间了——同一棵树，为什么前后名字不一样呢？"

东方朔答道："马，大的时候叫'马'，小的时候叫'驹'；鸡，大的时候叫'鸡'，小的时候叫'雏'；牛，大的时候叫

'牛'，小的时候叫'犊'；人，刚生下不久叫'儿'，年纪大了称'老人'；这棵树以前叫'善哉'，现在叫'翟所'，长幼生死，万物成败，难道是固定不变的吗？"

武帝听后，心悦诚服地笑了。

又有一次，祭拜天地之后，汉武帝下旨把祭肉分给大臣。但是，下旨的迟迟不来，东方朔实在等不及了，便自己拔剑割一块肉吃了，扬长而去，并且对目瞪口呆的其他官员说："各位请自便吧！"

传旨的大臣将此事奏报给汉武帝，武帝一听，十分气愤。第二天上朝，汉武帝便问："昨天赐肉于你们，为何不等传旨就擅自割肉？东方朔，你该当何罪？"

东方朔只是一味地跪在地上叩头请罪，并不申辩。

汉武帝觉得奇怪，因为平日东方朔最善言辞。汉武帝便叫他自省："东方朔，寡人暂不问你死罪，但你应在群臣面前自我检讨！"

东方朔听后，赶紧谢恩，而后站起来，拱手向群臣谢罪。他检讨道："东方朔啊东方朔！你受赐竟然不待圣旨，是多么无礼！你能自己拔剑割下肉，又是多么勇敢！但割下的肉又那么少，是多么廉洁！剩下的肉分给其他的人，又是多么公平仁慈！"

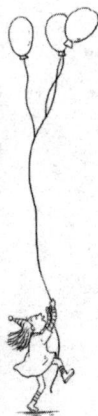

汉武帝一听，忍俊不禁，笑出声来，无可奈何地说："东方朔啊东方朔，叫你自我检讨，你却自我表扬起来！"

结果，汉武帝不仅没有治东方朔的罪，还赏给他好酒十坛，好肉一担，把其他大臣的眼都给看红了。

心理成长

类比是辩论中常用的手段，本例中东方朔以马、牛、人成长的不同阶段的不同称谓为例，来歪解其随口瞎编的树名，竟然听来颇觉有理；另一例中，也以理智的心态，类比阐说，将话题转向对自己有利的方向。这是一种智慧，更是一种值得学习的口才。

普拉蒂尼的妙语

事情原来是这样的：法国人经过努力，赢得了 1998 年世界杯足球赛的主办权，全国人民欢欣鼓舞。

为了显示法国人的浪漫情怀和聪明才智，法国设计建成了一座能容纳 10 万观众的椭圆形足球场。足球场设计得豪华、浪漫，堪称世界一流水准。可是，足球场建成后，为它命名却使法国人大伤脑筋。许多法国人希望以自己国家的足球明星普拉蒂尼命名。面对如此巨大的荣誉，普拉蒂尼显得非常冷静和真诚。

他说："我的年龄对于夺取世界杯来说已经嫌老，但如果用我的名字命名体育场，我又太嫩了。"

心理成长

普拉蒂尼以真诚而又谦逊的态度，把话语灵活地述说出来，虽放弃了一次千古留名的绝好机会，但是他在世人心目中树立起了一座无形的丰碑。在法国人的心目中，普拉蒂尼不仅是在足球场上纵横驰骋，为法国赢得荣誉的足球明星，更是一位谦逊的绅士。

圆智巧答康熙问

圆智是康熙年间五台山戒台寺的住持，虽无点金之术，却颇有应变之才。

有一天，康熙皇帝只身一人微服私访山西，来到五台山后，便独往戒台寺而来。圆智听到此事，马上到山脚下等候。不一会儿，康熙便来到眼前。圆智在他身前双手合十躬身轻声道："小僧戒台寺住持圆智接驾来迟，万望恕罪。"

康熙听说此人为圆智，便想给他一个下马威，于是，面孔一板，厉声问道："你既知朕躬身到此，为何不率领众僧，大开山门，跪接圣驾？你这轻轻一揖，该当何罪？"

圆智不慌不忙地说："小僧岂敢亵渎圣驾，只因这次圣上是微服私访，小僧若是兴师动众，恐怕引起游人瞩目，有碍圣上安康，所以小僧才一个人悄悄在此相迎。"

康熙听他说得有理，只好说："恕你无罪，前面带路。"路上康熙又说，"大和尚，今日朕躬身上山，你能不能把我比上一比。"

圆智闻言，暗自思忖："这可不好比，比不好全寺都得遭殃。"但他脑子一转，笑着说："万岁爷上山，可有一比：好比佛爷带你登天，一步还比一步高。"

康熙一听，心里不舒服，圆智自比佛爷，上风被他占了。可自己身在佛地，无可指责，只好暂时作罢。

他们一进天王殿，只见弥勒佛喜眉笑眼地朝外而坐。康熙点子又上来了，指着弥勒佛问圆智："请问大和尚，他为何而笑？"

圆智答："启禀圣上：他是笑贤僧命乖运舛，身入空门，终日青灯木鱼，碌碌无为。"

康熙一听，心中暗想："这下子可有空子钻了！"马上问圆智："他也在对我笑，照你说，他也在笑我碌碌无为了？"

圆智见康熙咄咄逼人，连忙回答说："哪里哪里，佛笑对不同的人有不同的意义。他对万岁爷迎面而笑，是笑您统率万民，心胸博大，不像凡夫俗子，气量狭窄，笑里藏刀！"

康熙听了，哭笑不得，因为圆智明明是在骂自己呢！可不好发作，只好作罢。

康熙离寺时，圆智送他下山。当他走到山腰时，想起上山之事，又想刁难一下圆智，便说道："我上山时，你说我一

步比一步高；现在我下山了，你可怎么说？"

圆智听了，稍思片刻，即答："如今又好比如来佛带万岁爷下山，后头更比前头高啊！"

康熙听了，目瞪口呆，觉得这个和尚确实很有应变之才。

心理成长

说"歪"话的精髓就在于随机应变，环顾左右而言他。在这个故事中，高僧圆智就康熙的发难，妙语连珠，且赞中含骂，说得天衣无缝，实乃世间罕有的辩才。

孩子，你一点儿也不笨

王阳明是明朝著名的教育家和哲学家，《传习录》《大学问》等都是他的名作。

据说，王阳明小时候曾因发高烧影响了大脑的正常发育，长到五岁时还不会说话，只会发出"咿咿呀呀"的叫声。因此，许多人都说他是一个哑巴，劝他父亲放弃对他的培养。但是，王阳明的父亲却不这么看，他始终认为王阳明会好起来的。

在父亲的悉心照料下，王阳明的病情渐渐有了好转。

虽然能开口说话了，但和同龄的孩子比起来，他还是显得有些愚钝。

一天，王阳明被私塾里的同学欺负了，他哭着跑回家问父亲："爹爹，人家都说我笨，我真的很笨吗？"

父亲听后很难过，但仍笑着对王阳明说："孩子，你一点儿也不笨，只要你好好读书，将来一定会有出息。"自那以后，王阳明再也不理会那些人的嘲笑了。他常利用休息时间提前学习先生要讲的课文，记不住的就反复地在纸上抄写。

渐渐地，王阳明的成绩超过了学堂里所有的学生，谁也不敢再小瞧他了。

心理成长

因了父亲的不放弃，天赋不高的孩子终于有了进步；因了父亲的鼓励话语，使这个天赋不高的孩子奇迹般地取得了很大的进步与成功。通过这个故事我们需要明白：一个人即使天赋不高，自己也不要轻言放弃；他人也不要以不负责任的态度或语言去伤害他。

第三章

幽默一把，
赢得口才之神奇力量

久病成良医

三位父亲饭后谈起他们的孩子。

第一位说："我之所以相信我家女儿能成为一名设计师，是因为不管我买给她什么样的娃娃，她都会给它们买很多新衣服。"

第二位说："我为我的女儿感到骄傲，她将来一定会成为一名出色的老师，因为她现在总爱管弟弟妹妹。"

第三位说："我女儿将来一定会成为一名医生，这是毫无疑问的，因为她现在体弱多病。俗话说久病成良医。"

心理成长

第三位父亲跳出常理的框框，给这些问题找到了一个个似是而非的解释，因果很不相称，甚至有些荒谬，但两者之间造成了巨大反差，于是便有了幽默感。

碾（撵）麻雀

有一个小青年毕业后没有工作，经济紧张，没钱吃饭，因此总是到朋友家吃饭，吃了上顿等下顿，住了两天又两天。

一次，他在一个朋友家吃住了三天后，问朋友："今天弄什么好吃的呀？"

朋友想了想，说："今天弄麻雀肉吃吧！"

"哪来那么多麻雀肉呢？"

朋友说："先撒些稻谷在晒场上，趁麻雀来吃时，就用牛拉上石滚子一碾，不就得了吗？"

这个爱占便宜的人连连摇手说："这个办法不行，还不等石滚子碾过去，麻雀早就飞跑了。"

朋友一语双关地说："麻雀是占便宜占惯了的，只要有了好吃的，怎么碾（撵）也碾（撵）不走。"

朋友一语双关，不知这位爱占便宜的人领会了没有。

不过可以肯定的是，用这种间接的方式给朋友提意见，可以照顾到对方的自尊心，还是很可取的。

把我吊起来吧

有一个富翁，脾气非常暴躁。

一天，一位客人来他家喝酒。客人刚喝了一口，嘴里便叫："好苦！好苦！"

富翁大怒，不由分说，把客人绑起来，吊在梁上。

这时来了另一位朋友，问富翁为什么吊起客人。富翁回答说："我家的酒明明香醇甜美，这家伙却说是苦的，你说该不该吊？"

朋友说："可不可以让我尝尝？"

富翁殷勤地给他端来一杯酒，朋友呷了一口，苦得皱眉眯眼，他对富翁说："你放下这个人，把我吊起来吧！"

心理成长

　　后一个朋友真是高明，既不得罪富翁，又讽刺批评了富翁，机智而幽默地表达了酒的苦涩，使富翁明白了酒的确是苦的。

香烟的"好"处

某香烟公司推销员站在市场上大声叫卖:"新牌香烟,气味宜人,口气清新,防治百病……"

围着看热闹的人群将信将疑。

突然,从人群中钻出一个教授,他帮着推销员说:"其他好处我来补充:新牌香烟还可使小偷不敢进屋,狗不敢咬,抽烟的人永不衰老……"

推销员听了大喜,连连向教授致意,并希望他再向听众解释解释。

教授说:"很简单,抽烟的人整夜咳嗽,小偷岂敢进屋?抽烟的人身体虚弱,走路时拄着拐杖,狗敢咬吗?抽烟的人易得肺癌,能活到老吗?"

心理成长

教授聪明地运用了反语,他补充的一大堆所谓"好处",

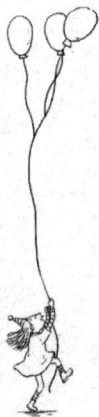

实质上是抽烟的一大堆坏处，幽默感便从中而生，既驳斥了推销员的谬论，又教育了围观的群众，其效果不言而喻。

按规矩付款

某天，鲁迅到一家理发店理发。

理发师见他长发垂耳，穿着一件灰色破长袍和一双破布鞋，就冷冰冰地招呼他坐下，马马虎虎地给他理了发。

鲁迅先生随手从衣袋里抓了一大把银圆塞在理发师手里，数也不数就走了。

理发师一点数目，竟超过定价的三倍多，不由得喜上心头。

过了一段时间，鲁迅又来到这家店里。理发师立即迎上去殷勤招呼。

虽然鲁迅仍是那身打扮，这次却受到特殊待遇。理发师不仅奉茶敬烟，而且精工细剪，足足花了一个多钟头。

理发结束，鲁迅照价付款，没有多给一个子儿。

理发师十分纳闷，问他为什么这次不多给钱？

鲁迅先生平静地回答说："这不简单得很吗？上回你给我

乱理发，我付款也就乱给。这次，你给我认真地理发，当然我也就按规矩付款了。"

心理成长

鲁迅先生没有对理发师的势利直接进行批评，而是巧施计谋，多给了理发师三倍的钱，使理发师误入圈套。第二次接待鲁迅时，理发师百般殷勤，与前一次待客的态度截然相反，却并没有获得他所希冀的额外的报酬。在他疑惑不解时，鲁迅先生很自然地回答了他，且答案出人意料，妙不可言，比严厉的指斥更有力量。

让助手来为您解答

爱因斯坦因提出"相对论"而闻名于世，因此他每天都会被无数人邀请去做演讲，搞得疲惫不堪。他的助手劳尔是一位风趣的美国人，一天他向疲于奔命的爱因斯坦提出建议："您实在太辛苦了，也一定都讲烦了，您的演讲内容我都可以倒背如流了，下次演讲时让我穿着您的衣服来代您演讲，直到被发现为止，可以吗？"

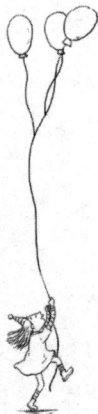

"妙啊，反正那里认得我的人也不多。"同样富有风趣的爱因斯坦回答道。

从此以后的演讲，穿着爱因斯坦衣服的劳尔由于解说没有任何差错，动作表情也模仿得惟妙惟肖而没有被听众看出破绽。有一天，演讲结束后，劳尔准备下台，突然一位教授模样的先生站起来，像发连珠炮似的提出许多问题。假扮爱因斯坦的劳尔心中吃惊不小，但他表面上还是若无其事，轻松地对那位教授说："您的问题总是很简单，连我的助手都能为您回答……喂，劳尔，你上来帮我做些说明吧！"

心理成长

巧妙的一句话，将就要露出的破绽转移，从而化险为夷。故事由此而带来的正面效应也可想而知，并给后人留下了永久难忘的回忆。

海涅的妙对

德国诗人海涅由于是个犹太人，经常受到歧视和非礼对待。在一次聚餐中，有个旅行家对海涅满含恶意地说他在旅行中发现了一个小岛，"你猜猜看，在这个小岛上什么现象使我最惊奇？那就是小岛上竟然没有犹太人和驴子！"海涅白了一眼这个自以为得逞的旅行家，不动声色地回答："如果真是这样的话，那只要我和你一起到小岛上去一趟，就可以弥补这个缺陷了！"

心理成长

机智巧妙、诙谐风趣的海涅并没有直接指责旅行家为何将犹太人和驴子相提并论，而是巧妙地将对方讽喻为驴，意味深长的回答终究使不怀好意者自食其果。

毛驴的朋友

村长看见阿凡提和毛驴一同进来，想取笑阿凡提一番，就故意大声招呼说："欢迎你们两位一同光临！"

阿凡提拍了拍驴背，毛驴昂头嘶叫起来，又是甩蹶子，又是摇尾巴。阿凡提说："我的这头蠢驴在家说，它的朋友当了村长，非叫我带它来见你不可！"

村长涨红了脸说："那是你的驴，同我有什么关系。"

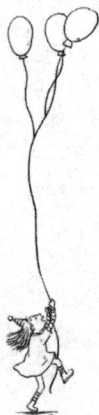

阿凡提对毛驴说："我叫你不要来吧，你的朋友一当了村长就不认你啦！"乡亲们一起大笑起来。

心理成长

　　真是一则既机智又幽默的笑话！村长一开口将驴子拟人化，本想戏耍阿凡提一番，而阿凡提技高一筹，将村长拟物化，活灵活现地把他的毛驴说成是村长的朋友，幽默嘲讽的效果更是无与伦比，在幽默中体现了强大的口才之力。

恕不直言

　　第二次世界大战后，有一位记者问萧伯纳："当今世界上你最崇拜的是什么人？"

　　萧伯纳答道："我们刚从大战中解脱出来，世界文明之所以免遭法西斯糟蹋和毁灭，实应归功于苏联红军打败了德国法西斯，而他们的统帅是斯大林元帅。要说我所崇敬的第一个人，首先应推斯大林，是他拯救了世界文明。"

记者一想，便知萧伯纳话中之意，就接着问道："阁下说到第一人，那么第二人呢？"

萧伯纳回答道："我所崇敬的第二个人是爱因斯坦先生。因为他提出了相对论，把科学推向一个新的境界，为我们的将来开辟了无限广阔的前景，他对人类的贡献是不可估量的。"

记者又问："世界上是不是还有阁下崇敬的第三个人呢？"

萧伯纳微笑着答道："至于第三个人嘛，为了谦虚起见，请恕我不直接说出他的名字。"

记者被萧伯纳的幽默引得大笑起来，频频点头，欣然而别。

心理成长

萧伯纳非常自信，也非常幽默。关于最崇拜的人，他以对世界文明做出的巨大贡献为标准列举了政治界的代表斯大林和科学界的元勋爱因斯坦。至于第三个人，他却"恕不直言"，戏谑的谦虚、巧妙的暗示，把对自己的夸赞幽默地表现了出来。

给烤面包验验尸

　　史蒂文森是美国的一位政治家，他曾两次参加总统竞选，但两次都败在艾森豪威尔的手下。但史蒂文森始终保持幽默的谈吐，即使在最失意的时候也不例外。因而，他即使两度竞选失败，没有登上总统的宝座，也仍然树立了良好的形象。

　　当史蒂文森第一次荣获提名竞选美国总统时，内心异常激动，他自己打趣道："我想，得意扬扬不会伤害任何人，也就是说，只要别人不吸入这空气的话。"

　　当竞选总统失败时，他仍以幽默的口吻在门口欢迎记者："进来吧，来给烤面包验验尸。"

　　后来，有人邀请史蒂文森做演讲。他在去演讲的途中遇到阅兵的队列而使汽车受阻，因而耽误了时间，到达会场时已迟到，面对耐心等待他到来的人群，他当即表示歉意，并解释说："军队英雄老是挡我的路。"

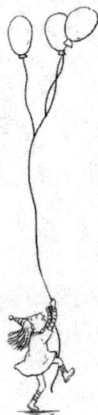

听众们知道，史蒂文森两次竞选的对手都是艾森豪威尔将军这位"军队英雄"。因而史蒂文森所说的这句话，让听众心领神会，捧腹大笑。

心理成长

史蒂文森富有幽默感的话显示了他深厚的个人内涵和教养及对于失败的宽容豁达之心态。

女儿的"真理"

莱迪的妈妈是个作家，总是拼命工作，根本顾不上和家人玩耍。这天晚上，莱迪突然拉住了坐在电脑前的妈妈，问："你喜欢过什么样的生活？"

妈妈揉了揉布满血丝的眼睛，拖长了嗓音回答："我呀——喜欢过想睡就睡，想乐就乐的生活！可惜我办不到！"

"哈哈哈！幸亏办不到，这是小猪的生活！"莱迪的语言十分犀利。

妈妈有些惊讶，说："那我喜欢忙一阵子工作，再好好儿休息几天的生活。"

"哈哈哈！这是牛的生活！"

妈妈面红耳赤，好奇地问："那我该过什么样的生活呢？"

"你该过人一样的生活！"莱迪开始宣告，"夏天太热了，你应该每天上午工作，下午休息，过人一样的生活！"

妈妈瞪大了眼珠："你是说，我现在过的不是人的生活？"

"是呀，你总是在不停地忙啊忙啊，都不能好好看看花、听听音乐，甚至不能和我说话，难道不是牛一样的生活？"

母亲的脸更红了，她说："因为偷懒，所以才被编辑追稿到发狂，才从人一样的生活沦落到牛一样的生活。"

莱迪说："拼命玩和拼命工作，都不是人应该选择的生活。你要过好每一天，才能真正快乐，也能让我快乐。"妈妈若有所思，抱着女儿说："谢谢你让我看到了一个真理！"

心理成长

拼命玩和拼命工作，都不是我们应该选择的生活方式；只有过好每一天，才会有真正的快乐。女儿对妈妈的关心体贴及她的能言善辩都值得点赞。她的"真理"对每个人都适合。

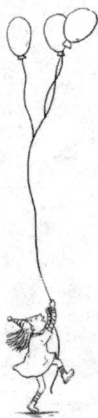

好好吃饭

吃晚餐的时候，莎娜极度兴奋，一会儿停下休息，一会儿要给妈妈讲笑话，一会儿又偷看电视。妈妈劝导了几次无效后，终于黑着脸怒吼她。

"妈妈，笑一个。"看见情况不妙，莎娜开始嬉皮笑脸。

妈妈说："不笑，没有笑的理由。"

莎娜撒娇说："必须笑！笑了我就乖乖吃饭！"

妈妈真生气了，提高了嗓门："吃饭是你自己的事，和我没有关系！要是你吃饭时继续三心二意，我就永远不对你笑。"

莎娜吐了一下舌头，说："好！我错了！那你笑一个，笑了，我就马上听话了。"

看到女儿这么难缠，妈妈咧了咧嘴角。

"这个笑不真诚。你这是为了让我吃饭的假笑，不是真心原谅我的笑。"女儿就像一个质量监督员，立即辨别了真伪。

妈妈忍不住大笑起来。

"瞧，这样多好！"女儿收起笑容，"妈妈，我很怕你呢，我为什么会怕你呢？"

妈妈沉下了脸说："你怕我，是因为你做错了事，如果你不希望妈妈变成大老虎，就要做好自己该做的事情。"

"不和你说话了！"女儿红了脸，埋头吃饭了。妈妈没有和她争辩，离开了饭厅，说："中场休息不限时，好好儿想一下吧！"十分钟后，女儿端起空碗走进了卧室，说："妈妈，我全部吃完了！"妈妈笑了，与莎娜恢复了友谊。

心理成长

女儿不好好吃饭，妈妈生气了；妈妈的生气不是恨，是爱——伟大的母爱；作为女儿，很理解母亲的心思，幽默的"挑逗"语言以及后面的行动，一下子把紧张的气氛搞"活"了，母女俩又恢复了友谊。这无疑是我们最理想的和乐家庭之景。

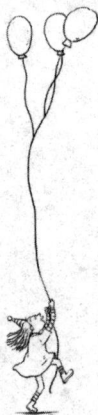

抓住说话"诀窍"，
提升良好口才

师生情

  优秀班主任毛蓓蕾老师接了一个问题较多的毕业班，其中一个女学生惠琴表现很差，不好好学习，还在背后丑化老师，甚至在校外谈男朋友。毛老师帮她分析错误根源，指出任其发展下去的危害性。谁知她不但不回心转意，还怀恨在心，在背后用恶毒的语言咒骂老师，受到同学的谴责。为此毛老师找惠琴做了一次推心置腹的谈话：

  "我怎么也想不到那样难听的话会出自我一直认为比较好的学生的嘴里。"毛老师停了一下又说，"如果真是我错了，我愿意改正，希望你能帮老师指出来，好吗？"

  老师的语气是亲切的，充满诚意，惠琴慢慢地低下头，没吭声。毛老师说："这几天班上的情况你也看到了，大家都等着老师对你做出严厉的处理。"

  惠琴抬起头惊恐地望着老师。毛老师说："不过，老师

根本就没有想要给你一个什么处分，而是对你的错误感到痛心、难过！因为你过去是一个成绩优秀的学生，老师曾对你寄予很大的希望，我为你惋惜，也深深感到自己没有尽到帮助、教育的责任……"老师的激动情绪感染了她，她眼睛湿润了。老师继续说："不过，现在还来得及，生活的道路还很长。相信你会认识到自己的错误，也一定会改正自己的错误，是吗？"

惠琴若有所思地点点头。

老师继续说："至于你咒骂老师的事，老师是不会计较的，也不会记恨在心，用你尊敬老师的实际行动去抹掉这一切吧！我们可以成为好朋友的——真正的朋友，互相尊重，互相帮助。你有什么心里话，明天可以找我说，好吗？"

惠琴同学虽然从始至终没有说一句话，但她心灵的震动是剧烈的。

第二天一早毛老师的办公桌上出现了一张纸，那是惠琴的检讨书……

心理成长

面对一个在背后咒骂自己的学生，毛蓓蕾老师没有责问和怒斥，而是采用以情感人的方式进行教育疏导，可以看出她是一位具有博大胸怀和高度责任感的老师。这样的一位好老师，怎么会不受学生欢迎呢！

精明的校长

时过多年，某大学的教学楼已是破旧不堪，可是却无钱装修，校领导也曾多次向上级请示，但仍无人管理。不得已之下，这位校领导决定向本市钢铁制品商场的经理求援。校长之所以打算找该经理，是因为这位经理重视教育，曾捐款十万元成立"奖教基金会"。遗憾的是，听说近两年商场的经营不太理想了，其下设的三个分店都年亏损达数万元。眼下要向这位经济困难的商场经理募集捐款，校长深感"凶多吉少"，希望渺茫，但是想到全校师生的生命安全，只好决定"背水一战"了。

校长前去拜访了那位经理：

"曹经理，久闻大名。鄙人近日在省城开会，再一次听到教育界同仁对您的称赞，实是钦佩！今日散会返校，途经贵府，特来拜访。"

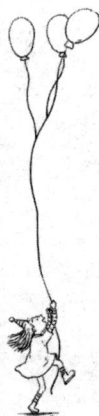

经理听后，客气地接待，说：“不敢当！不敢当！”

“经理您真是远见卓识，首创奖教基金会，不但在本市能实实在在地支持教育事业，更重要的是，您的慈善思想影响深远。奖教基金会由您始创，如今已由点到面，由本市到外市，甚至扩大到全国许多地区，真可谓惠及众生，名扬四海啊！”

这位校长紧紧围绕经理颇感得意之处，从思想影响到实际作用等方面予以充分肯定，谈得曹经理满心欢喜，神采飞扬。正当此时，校长不无愧疚地诉说起自己的“无能”和无奈：身为校长，明知校舍摇摇欲坠，时刻困扰学生的学习，日夜危及着师生的生命安全，却毫无良策排忧解难。要是教育界领导都能像曹经理这样，真心实意酷爱人才，支援教育，只要拨十万元钱就能卸下我心头的重石，可是至今申报不下十次，仍不见分文拨款。

听到这里，经理立即起身拍拍胸脯，慷慨地说：“校长，既然如此，你就不必再打报告求神拜佛了，十万元钱我捐献给你们。”

校长大功告成，欣喜非常，紧紧握住经理的手，表示了由衷的感谢！

心理成长

这位校长真可谓精明又有口才！很大程度上是因为，校长真的对对方进行了深入地理解，抓住了问题的突破口和谈话的"诀窍"。首先，他对商场经理的远见卓识，首创奖教基金会的行为，从思想影响到实际成效给予了充分的肯定和恰当的赞扬，对经理产生了极大的激励作用；其次，悲诉自己的"无能"和无奈，使对方产生极大的同情甚至义愤，从而被深深地打动。校长也达到了预期的目的——在对方困难的情况下，还赢得了捐款。

找个事儿做很难

在美国经济大萧条时期，有一位 17 岁的姑娘好不容易才找到一份在高档珠宝店当售货员的工作。在圣诞节的前一天，店里来了一位 30 岁左右的贫民顾客，他衣衫褴褛，一脸的悲哀、愤怒，他用一种不可企及的目光盯着那些高档首饰。

姑娘要去接电话，一不小心，把一个碟子碰翻了，六枚精美绝伦的金戒指落到地上，她慌忙捡起其中的五枚，但第六枚怎么也找不着了。这时，她看到那个 30 岁左右的男子正向门口走去。顿时，她觉察到戒指在哪儿了。当男子的手将要触及门柄时，姑娘柔声叫道：

　　"对不起，先生！"

　　那男子转过身来，两人相视无言，足足有一分钟。

　　"什么事？"他问，脸上的肌肉在抽搐。

　　"什么事？"他再次问道。

　　"先生，这是我的第一份工作，现在找个事儿做很难，是不是？"姑娘神色黯然地说。男子长久地审视着她，终于，一丝柔和的微笑浮现在他脸上。

　　"是的，的确如此。"他回答，"但是我能肯定，你在这里会干得不错。"

　　停了一下，他向前一步，把手伸给她：

　　"我可以为您祝福吗？"

　　他转过身，慢慢走向门口。

　　姑娘目送着他的身影消失在门外，转身走向柜台，把手中握着的第六枚金戒指放回了原处。

"这是我的第一份工作,现在找个事儿做很难",这句真诚朴实的表白,饱含着惧怕失去工作的痛苦之情,也饱含着恳请对方归还戒指之意,终于感动了对方,对方也巧妙地交还了戒指。试想想,如果斥责怒骂,甚至叫来警察,也可能找回戒指,但姑娘的"饭碗"还保得住吗?

"偷"字的折磨

某部七连大白天丢了一件大衣,这可把战士们惹火了。有人建议来一次检查,查个水落石出。指导员和连长分析了情况,决定分两步走:一是查找大衣下落;二是进行一次人生观教育。对此,有些人不以为然,说:"想靠说话来捉贼?开玩笑。"

晚饭后,指导员召集全连上课,讲的是"什么是人生的幸福"。他说:"从心理学角度讲,幸福是心理上的某种满足,革命战士把幸福看作是多数人共同利益的实现。个人主义思

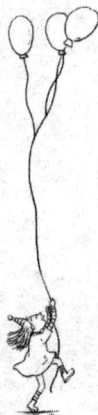

想膨胀的人却把幸福看作是永无止境的个人私欲的满足。在这种思想支配下，他们去偷、去抢，不择手段地捞钱财。"说到这儿，指导员话锋一转给大家分析小偷的心理特征："小偷偷了别人的东西后，难道会吃得香睡得着吗？生怕被人发觉，连听到别人说个'偷'字，浑身都打哆嗦。这样尽管他得了点小便宜，但精神上却受着一种永无休止的折磨。拿了我们连这件大衣的人，每天不也会受到同样的精神折磨吗？而且他还失去了一个人最宝贵的品德和尊严，我相信我们连的战士不会这么傻，不会为一件大衣付出如此大的代价。"

这天深夜，一个战士敲开了连部的门，他要和指导员单独谈话。两个人来到猪圈旁一间旧房子后，战士惭愧地告诉指导员："大衣是我偷的……"

心理成长

面对正在滑向犯罪之路的人，我们应该如何教育和挽救他呢？在这种情况下，我们需要说到对方的要害之处，直截了当地指出对方的问题及其严重后果，指出其名声信誉的损失，指出其利益得失，唤醒他的理智和良知。

丢掉包袱解心结

　　某工厂有位 19 岁的青年工人，纪律松懈，作风散漫，过去还曾有过小偷小摸行为。大家都不愿理睬他，更不愿与他同住一个宿舍。领导和团干部虽多次对他进行批评教育，但收效甚微。

　　后来车间调来一位女团支部书记，她决心帮助这个青年进步。她了解了这名青年的身世、经历和秉性后，首先动员了自己的母亲、妹妹，在一天之内把这个青年的棉衣和被褥全部拆洗了一遍，关于批评劝说的话一句没讲。结果这个青年深受触动，半宿没睡着觉。

　　过后，她在找这个青年谈话时说："我娘很小就失去了母亲，她跟我讲，没有母爱的人是很苦的。你母亲去世得早，听说你遭了不少罪。"

　　听了这话，青年眼眶里滚动着泪珠。女团支书接着说："你不能总背着过去偷吃过别人东西的包袱。据我了解，这不全

怪你，你苦啊；继母不让吃饱，你饿呀！这是出于无奈，再说你已改了嘛，应当轻装前进啊！"

听着句句真诚感人的话语，这位青年放声痛哭。从此以后，他发生了转变，不再自轻自贱，取得了可喜的进步。

心理成长

人遇到挫折、遭到不幸或面临困难时，往往最先在情感世界激起波澜——产生悲痛、伤心、恐惧、悔恨等诸多情绪体验，此时最需要的是得到他人的情感支持。得到了春风化雨般的同情、安慰及关怀之情，才能化解种种消沉的情绪，在恢复心理平衡的同时还会产生对对方的感激、热爱甚至报恩之情。因此，在以情感人的基础上，理性说服方能产生积极效果。

谁替您读的

有一位女作家花费了巨大的精力终于完成了一部长篇小说，发表后引起轰动，一时成为最畅销的热门书。

有个评论家曾向这位女作家求过婚，但最终遭到拒绝，从此怀恨在心，经常在评论中旁敲侧击地贬低这个女作家的才华。

一次文学界举行聚会，许多人当面向这位女作家表示祝贺，并大赞她的才华出众以及作品的成功。女作家一一表示感谢。忽然那位评论家分开众人，挤到前面，大声向女作家说道：

"您前段时间出版的那部小说的确十分精彩，但不知您能否透露一下，这本书究竟是谁替您写的？"

女作家正陶醉在众人的赞扬声中，冷不防眼前这个如此气量狭小的人竟会提出这样的问题，就在她一愣的当时，也有人偷偷发笑了。

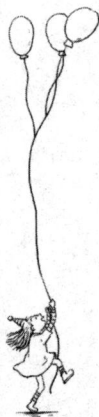

女作家立即清醒地估量了形势，翻脸争吵于自己不利。于是她马上冷静下来，露出谦和的笑容，对评论家说道：

"您能这样公正恰当地评价我的作品，我感到十分荣幸，并向您表示由衷的感谢！但不知您能否告诉我，这一次书是谁替您读的呢？"

心理成长

评论家的问话，用意十分明显——就是借此打击报复。而女作家也是聪明冷静之极，抓住说话者的问题关键，寻找突破口，以同样极具反击力量的反问语使评论家陷入了十分狼狈的处境，潜台词无疑是说——连书都不读的人，有什么资格谈论他人、他人的作品？面对他人无中生有、恶意中伤、造谣诬蔑，最有效的反驳方法是直叙事实，用事实来揭示真相，说明道理。

永远是鞋匠的儿子

1809年2月12日，林肯出生在一个农民的家庭。小时候，家里很穷，他没机会上学，每天跟着父亲在西部荒原上做开荒、杂工、修鞋等苦工。他自己说："我一生中进学校的时间，加在一起总共不到一年。"但林肯勤奋好学，一有机会就向别人请教。没钱买纸、笔，他放牛、砍柴时怀里总揣着一本书，休息的时候，一边啃着粗硬冰凉的面包，一边津津有味地看书。晚上，他常在小油灯下读书读到深夜。

长大后，林肯离开家乡独自一人外出谋生。他什么活儿都干，打过短工，当过水手、店员、乡村邮递员、土地测量员，还干过伐木、劈木头的重力气活儿。不管干什么，他都非常认真负责，诚实而且守信用。

他十几岁时当过村子里杂货店的店员。有一次，一个顾客多付了几分钱，他为了退这几分钱跑了十几里路。还有一次，他发现少给了顾客二两茶叶，就跑了几里路把茶叶送到那人家中。他诚实、好学、谦虚，每到一处，都受到周围人的喜爱。

1834 年，25 岁的林肯当选为伊利诺伊州议员，开始了他的政治生涯。1836 年，他又通过考试当上了律师。

当了律师以后，由于他精通法律，口才很好，在当地很有声望，很多人都来找他帮着打官司。但是他为当事人辩护

有一个条件，就是当事人必须是正义的一方。许多穷人没有钱付给他劳务费，但是只要告诉林肯："我是正义的，请你帮我讨回公道。"林肯就会免费为他辩护。一次，一个很有钱的人请林肯为他辩护。林肯听了那个客户的陈述，发现那个人是在诬陷好人，于是就说："很抱歉，我不能替您辩护，因为您的行为是非正义的。"那个人说："林肯先生，我就是想请您帮我打这场不正义的官司，只要我胜诉，您要多少酬劳都可以。"林肯严肃地说："只要使用一点点法庭辩护的技巧，您的案子就很容易胜诉，但是案子本身是不公平的。假如我接了您的案子，当我站在法官面前讲话的时候，我会对自己说：'林肯，你在撒谎。'谎话只有在丢掉良心的时候，才能大声地说出口。我不能丢掉良心，也不可能讲出谎话。所以，请您另请高明，我没有能力为您效劳。"

在林肯当选为美国总统那一刻，整个参议院的议员都感到尴尬，因为林肯的父亲是个鞋匠。

当时美国的参议员大部分出身名门望族，自认为是上流人物，优越感十足，从未料到要面对的总统是一个卑微的鞋匠的儿子。

于是，林肯首次在参议院发表演说时，就有参议员想要羞辱他。

当林肯站上演讲台的时候，有一位态度傲慢的参议员站起来说："林肯先生，在你开始演讲之前，我希望你记住，你是一个鞋匠的儿子。"

所有的参议员都大笑起来，为自己虽然不能打败林肯但能羞辱他而开怀不已。

等到大家的笑声停止，林肯说："我非常感激你使我想起我的父亲。他已经过世了，我一定会永远记住你的忠告，我永远是鞋匠的儿子，我知道我做总统永远无法像我父亲做鞋匠做得那么好。"

参议院陷入一片静默。林肯转头对那个傲慢的参议员说："就我所知，我父亲以前也为你的家人做鞋子，如果你的鞋子不合脚，我可以帮你修改它，虽然我不是伟大的鞋匠，但我从小就跟父亲学到了做鞋子的手艺。"

然后他对所有的参议员说："对参议院里的任何人都一样，如果你们穿的那双鞋是我父亲做的，而它们需要修理或改善，我一定尽可能帮忙。但是有一件事是可以确定的，我无法像他那么伟大，他的手艺是无人能比的。"说到这里，林肯流下了眼泪，所有的嘲笑声全部化成热烈的掌声。

林肯没有成为伟大的鞋匠，但成了伟大的总统。他伟大的特质，表现在他永远不忘记自己是鞋匠的儿子，并以此为荣。因为他认为他的父亲是一个伟大的、一流的鞋匠，他继承了父亲的优秀品质，像父亲一样不论干什么都要力争第一。他用真诚的语言打败了竞争对手，当上了总统，并使自己成为一流的美国总统。

坦诚动人的演讲

美国前总统尼克松做了一次震撼美国的就职演说，以真诚和朴实赢得了人心。

1969 年 1 月 20 日，星期一，尼克松在电视台发表了半小时讲话。下午 6：30，当尼克松在电视屏幕上出现时，整个美国都安静了下来：

历史的每一个时刻都会转瞬即逝，它既珍贵又独特。可是，其中某些显然是揭开序幕的时刻，此时，一代先河得以开创，它决定了未来数十年或几个世纪的航向。

现在可能就是这样的一个时刻。

现在，各方力量正在汇聚起来，使我们第一次可以期望人类的许多夙愿最终能够实现。

不断加快的变革速度，使我们能在我们这一代期望过去花了几百年才出现的种种进步。

由于开辟了太空的天地，我们在地球上也发现了新的天地。

由于世界人民希望和平，而世界各国领袖害怕战争，因此，目前形势第一次变得有利于和平。

从现在起，再过 8 年，美国将庆祝建国 200 周年。在现在大多数人的有生之年，人类将庆祝千载难逢的、辉煌无比的新年——第三个百年盛世的开端。

我们的国家将变成怎样的国家，我们将生活在怎样的世界上，我们要不要按照我们的希望铸造未来，这些都将由我们根据自己的行动和选择来决定。

历史所能赐予我们的最大荣誉，莫过于和平缔造者这一称号。这一荣誉现在正在召唤美国——这是领导世界最终脱离动乱的幽谷，走向自文明开端以来人类一直梦寐以求的和平高地的一个机会。

我们若获成功，下几代人在谈及现在在世的我们时会说，

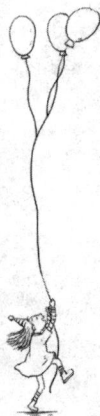

正是我们掌握了时机，正是我们协力相助，使普天之下国泰民安。

这是要我们创立宏伟大业的召唤。

我相信，美国人民准备响应这一召唤。

经过一段对抗时期，我们正进入一个谈判时代。

让所有国家都知道，在本届政府任期内，交流通道是敞开的。

我们谋求一个开放的世界——对各种思想开放，对物资和人员的交流开放，在这个世界中，任何民族，不论大小，都不会生活在怏怏不乐的孤立之中。

我们不能指望每个人都成为我们的朋友，可是我们能设法使任何人都不与我们为敌。

我们邀请那些很可能是我们对手的人进行一场和平竞赛——不是要征服领土或扩展版图，而是要丰富人类的生活。

在探索宇宙空间的时候，让我们一起走向新的世界——不是走向被征服的新世界，而是共同进行一次新的探险。

让我们同那些愿意加入这一行列的人共同合作，减少军备负担，加固和平大厦，提高贫穷挨饿的人们的生活水平。

但是，对所有那些见软就欺的人来说，让我们不容置疑地表明，我们需要多么强大就会多强大；需要强大多久，就会强大多久。

自从我作为新当选的国会议员首次来到国会大厦之后的20多年来，我已经出访过世界上大多数国家。

我结识了世界各国的领导人，了解到使世界陷于四分五裂的各种强大势力，各种深仇大恨，各种恐惧心理。

我知道，和平不会单凭愿望就能到来——这需要日复一日，甚至年复一年地进行耐心而持久的外交努力，除此别无他法。

我也了解世界各国人民。

我见到过无家可归的儿童在忍饥挨饿，战争中挂彩负伤的男人在痛苦呻吟，失去孩子的母亲在无限悲伤。我知道，这些并没有意识形态和种族之分。

我了解美国。我了解美国人的心是善良的。

我从心底里，从我国人民的心底里，向那些蒙受不幸和痛苦的人们表达我们的深切关怀。

今天，我在上帝和我国同胞面前宣誓，拥护和捍卫合众国宪法。除了这一誓言，我现在还要补充一项神圣的义务：我将把自己的职责、精力以及我所能使唤的一切智慧，一并奉献给各国之间的和平事业。

让强者和弱者都能听到这一信息：

我们企求赢得的和平不是战胜任何一个民族，而是"和

平天使"带来的为治愈创伤的和平；是对遭受苦难者予以同情的和平；是对那些反对过我们的人予以谅解的和平；是地球上各族人民都有选择自己命运的机会的和平。

就在几星期以前，人类如同上帝凝望这个世界一样，第一次端视了这个世界，一个在冥冥黑暗中辉映发光的独特的星球。我们分享了这一荣光。

阿波罗号上的宇航员在圣诞节前夕飞越月球灰色的表面时，向我们说起地球的美丽——从穿过月角距传来的如此清晰的声音中，我们听到他们在祈祷上帝赐福人间。

在那一时刻，他们从月球上发出的意愿，激励着诗人阿奇博尔德·麦克利什写下了这样的篇章：

"在永恒的宁静中，那渺小、斑斓、美丽的地球在浮动。要真正地观望地球，就得把我们自己都看作是地球的乘客，看作是一群兄弟，他们共处于漫漫的、寒冷的宇宙中，仰赖着光明的挚爱——这群兄弟懂得，而今他们是真正的兄弟。"

在那个比技术胜利更有意义的时刻，人们把思绪转向了家乡和人类——他们从那个遥远的视角中发现，地球上人类的命运是不能分开的；他们告诉我们，不管我们在宇宙中走得多远，我们的命运不是在别的星球上，而是在地球上，在我们自己手中，在我们的心头。

我们已经度过了一个反映美国精神的漫漫长夜。可是，当我们瞥见黎明前的第一缕曙光，切莫诅咒那尚未消散的黑暗。让我们迎接光明吧。

我们的命运所赐予的不是绝望的苦酒，而是机会的美餐。因此，让我们不是充满恐惧，而是满怀喜悦地去抓住这个机会吧——"地球的乘客们"，让我们以坚定的信念，朝着稳定的目标，在提防着危险中前进吧！我们对上帝的意志和人类的希望充满了信心，这将使我们持之以恒。

心理成长

中国有句成语叫"精诚所至，金石为开"，比喻对人真诚，能产生极大的感动力量，甚至像金石般坚硬的东西也能被裂开。我们日常生活中常说的"心诚则灵"也讲的是这个道理。像我们在一般的人际交往中一样，在论辩、演讲中，真诚的语言或行动同样也可以打动人心、征服听众，因为对于一切谈吐，最令人喜欢的正是那种出自真诚而又经过选择的话题。如果我们在论辩、演说中不考虑对方和听众的心理，故意避开主题，这本身就是一种不真诚的表现。

专为吊唁您而来

康熙初年，以吴三桂为首的"三藩"在南方发动反清叛乱。当时吴三桂手下的一员战将韩大任率部在湖南与清军作战失利后，退到福建，准备攻打汀州。

当时在福建与叛军作战的清军统帅康王欲发兵武力进剿韩大任。这时，康王的属下吴兴作表示反对，主张招抚。此人见多识广，口若悬河，很得康王信任，康王考虑到兵力不足，便采纳吴兴作的意见，派吴兴作前往叛军驻地招抚韩大任。

吴兴作带了几个随从，快马加鞭来到叛军驻地。他一见到韩大任，便号啕大哭起来，把韩大任搞得莫名其妙，忙问缘由。吴兴作面带悲伤地说："我这次是专为吊唁您而来的，叫我怎能不哭？"韩大任忙问："你说这话是什么意思？"吴兴作不慌不忙地回答说："将军您所以威行天下，是由于吴王（指吴三桂）对您深信不疑，格外器重。现在吴王把兵权交给您，实指望您建功立业，广布天下，可是您几年来却寸功未建，损失惨重，吴王现在还能看重您吗！现在您又冒险准备攻打汀州，可汀州守军早已严阵以待，您觉得以疲惫之师攻打精锐军队能够打胜吗？如果一旦战败，吴王还能原谅您吗？所以我说将军死期已近，特意前来预先吊唁。"听着吴兴作的一席话，韩大任低头不语，沉默片刻，韩大任问吴兴作："你看我归顺康王怎么样？"吴兴作一看时机已经成熟，忙说："我这次就是受康王的委派来劝说将军归顺的，将军如能弃暗投明归顺国家，当是建功立业的绝好时机。"一番话终于说服了韩大任，使韩大任带领数万叛军归附了朝廷。

心理成长

　　两军对垒，无功即过，这是毋庸置疑的。吴兴作的劝降之举，首先，用号啕大哭的体态语言创设话题；然后再顺题引申，对韩大任的现状进行鞭辟入里的分析：凭借吴王的器重得以盛行天下，却有负吴王期望，又准备以疲惫之师攻打精锐军队驻守的汀州，战败的可能性极大；那时，退不能得到吴王的原谅，进不能受到清廷的宽宥。因而"将军死期已近，特意前来预先吊唁"。一番游说，言之凿凿，吴兴作此行便成功了。

刘邦巧对项羽

项羽自封霸王后，想除掉刘邦。

范增出主意说："等刘邦上朝，大王就问他：'寡人封你到南郑去，你愿不愿意去？'如果他说愿意，你就说他意图养精蓄锐，有谋反之心，可以将其绑出去杀掉；如果他说不愿意去，你便以其违抗王命杀掉他。"

刘邦上殿后，项羽一拍案桌，高声问道："刘邦，寡人封你到南郑去，你愿不愿意去？"

刘邦答道："臣领取君王的俸禄，愿为君王献出生命。臣如君王的一匹坐骑，扬鞭则行，收紧缰绳则停。臣唯命是从。"

项羽一听，无可奈何，只好说："刘邦，你要听我的，南郑就不要去了。"

刘邦说："臣遵旨。"

心理成长

刘邦的应答，妙在避开项羽问话的矛头，只是表白自己对项羽忠心耿耿，"唯命是从"，从而使项羽找不到借口杀自己。

老婆婆的教训

有一个叫韩信的小伙子，一日三餐都靠乡亲救济。大伙说："这孩子，身强力壮却不劳动，活该受苦！"

这天中午，韩信又到邻居家去蹭饭，结果被轰出了门。韩信很懊恼，叹息说："我真倒霉！一连遇到三家人，怎么都那么吝啬？气死我了！"

又饿又累的他来到了淮水边，决定跳进河里捕鱼充饥。不知道为什么，韩信忙碌了许久也没有结果。一位在水边漂洗纱絮的老婆婆看见了，说："这里的鱼很少呢！想抓到一条很困难，你换个地方试一试吧！"

韩信愁眉苦脸地说："我走不动了啊，肚子饿得咕咕叫！"

老婆婆看了看他，拿出了一个小小的饼子，说："快吃吧！我的也不多，你就勉强填填肚子吧！"

韩信狼吞虎咽地吃光了饼子，感激地说："老妈妈，谢谢您！我将来一定会好好报答您的！"

老婆婆却一脸严肃，说："我难道是为了图你的报答才帮助你的么？你是一个大丈夫，本应该有大志向，而不是像今天一样受人怜悯！"

韩信听后，羞愧得满脸通红，低头离开了河边。从那以后，韩信不再游手好闲，他追随刘邦南征北战，成为一个声名显赫的大将军。只要一想偷懒，他的脑子里就会浮现出老婆婆的教训，还有那一个饼的恩德。

心理成长

关键时候抓住问题的主要点，能起到良好的效果。正如故事中的老婆婆之于韩信，一句关键的话语——"你是一个大丈夫，本应该有大志向，而不是像今天一样受人怜悯"激起了韩信的斗志，从此一发不可收拾，取得了显著的成绩。

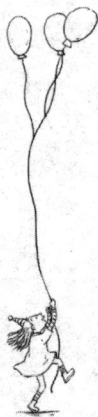

安陵君对楚王表忠心

江乙曾劝安陵君对楚王表示忠心，加深与楚王的感情，以稳固自己的地位。安陵君当时只是说"我谨依先生之见"，却不曾去表忠心。

过了三年，安陵君依然没对楚王表示忠心。江乙为此又去见安陵君："我对您说的那些建议，您至今也没有实行，既然您不用我的计谋，我就不敢再见您了。"

言罢便要告辞。安陵君急忙挽留，说："我怎敢忘却先生教诲，只是一时还没有合适的机会。"

又过了几个月，时机终于来临了。这时候楚王到云楚打猎，一千多辆奔驰的马车接连不断，旌旗蔽日，野火如霞，声威壮观。

突然，一只狂怒的野牛顺着车轮的轨迹奔跑过来，楚王拉弓射箭，一箭正中牛头，把野牛射死了。百官和护卫欢声雷动,齐声称赞。楚王抽出带牦牛尾的旗帜,用旗杆按住牛头,仰天大笑道："痛快啊！今天的游猎，寡人何等快活！待我万岁千秋以后，你们谁能和我共有今天的快乐呢？"

这时安陵君泪流满面地走上前来说："我一进宫便与大王同席共座，出宫后更与大王共乘一车。如果大王万岁千秋之后，我希望随大王奔赴黄泉，变作芦草为大王阻挡蝼蚁，那便是我最大的荣幸。"

楚王闻听此言，深受感动，正式设坛封他为安陵君，安陵君自此便深得楚王的宠信。

心理成长

江乙善于谋划，安陵君善于等待时机去实施谋划。安陵君说尽忠的话技高一筹就在于他知道语言的效用取决于它所运用的语言环境，所以他耐心等待，把握说话的时机，从而获得了良好的效果，讨得楚王的欢心和信任。

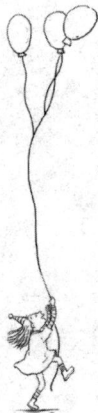

谁能烤肉给老师吃呢？

　　珍珠是一个非常善良的女孩子。有一年，她负责帮助六位曾受过暴力伤害的小朋友，让他们摆脱自闭，重新恢复交朋友、融入群体的能力。在认为时机已经成熟的时候，她决定办一次烤肉大会，邀请社区里某个教会团体的小朋友和六位孩子联欢。本以为自己已经和小朋友们讲好了，这 30 位小客人都是非常友善、非常有礼貌的，作为主人我们要热情待客。但当 30 位小朋友迫不及待地跑进来的时候，这六位小主人还是躲在房子的一个角落里，像一群受惊吓的小鸭子。

　　不管珍珠怎么劝，这六只颤抖的"小鸭子"还是不愿意主动和别人说话。她灵机一动，冒出一个主意："以前一直都是我准备东西给你们吃，现在老师也累了，希望能够吃几片烤肉，有没有人愿意烤给我吃啊？"

　　这六位小朋友竟然马上同意了，他们很迅速地开始烤肉给老师吃，接着又烤给其他的社工叔叔、阿姨吃。随后，他们便很自然地与所有的小客人分工合作，在完全没有被勉强的情况下，开始和其他小伙伴交朋友了。

珍珠没有想到，一个小小的请求，居然可以收到这么好的效果。平时，都是她在担任付出者的角色，她感受到了"施比受更有福"。但让她惊讶的是，一直得到帮助的小朋友，今天也站在了"施"的位置上，并且从给予中获得了真正的自信。看来，在需要恢复自信的人面前，一个希望他施以援手的请求，比我们直接去帮他反而更有效。因为每个人都希望自己是一个有用的人，而不是一个永远需要援助的人。

心理成长

通过有效的语言表达和引导，能够有效地改变和转换对话双方的角色、处境，使发言者能够引导对方的行为，从而达到影响对方的效果。

等了一夜的鞋子

一次，几位老同志反映机关宿舍晚上不安静，楼上的小青年不注意，经常闹出动静，老同志在楼下睡不好。这属于两代人的生活习惯问题，如果把这个问题在会上讲，就会使老同志和青年人之间产生隔阂。

党委书记和小青年闲谈时，讲了一则笑话进行暗示：有个老头晚上很难入睡，恰好楼上住了一个经常上晚班的小伙子。小伙子每天深夜回家，双脚一甩，鞋子"噔噔"两下，重重地落在地板上，每次都将好不容易才入睡的老头惊醒。有一天，老头提了意见，当晚小青年下班回来，习惯性地甩出了一只鞋，刚想甩出第二只鞋时，他意识到不应当，便轻轻地脱下了第二只鞋。第二天一早，老头埋怨小伙说："你一次将两只鞋甩下，我还可以重新入睡，你留下一只没有甩，害得我等了一夜。"

笑话说完，小伙子们悟出了笑话是有所指的，明白了自己的过错。

心理成长

暗示是人际交往的一种特殊方式，指的是暗示者出于一定的目的，采用一定的方法，含蓄、巧妙地向对方发出某种信息，以此来影响对方的心理，使其自觉地接受某种意见、信念，或改变其行动。

柔言慢语讨钱包

老陈要从湖南山里到武汉出差，这时，有位年轻同事正准备结婚，想买高档进口彩电，便托老陈帮忙看看，可以的话帮忙买了寄回来。

到武汉后，老陈听说汉正街的商品物美价廉，尤其是小孩子的衣服比商场便宜许多，便想先去逛逛汉正街，给小孙子买几件作礼物，然后再去看电视机。

到了汉正街，老陈发现这里果然名不虚传，于是替小孙子选了几套衣服。付完钱后老陈正准备走，忽然发现钱包不翼而飞了。这下老陈可着急了，身份证、银行卡什么的都在钱包里呢！明明刚才付款时才拿出来的，怎么可能一下子就不见了？刚才旁边也没什么人，只有卖衣服的姑娘和自己两人。老陈寻思，十有八九是卖衣服的姑娘随手把钱包塞进了衣服堆里。

老陈问姑娘："小同志，看见我的钱包没有？"

姑娘一听，翻了脸："噢，你是说我拿了？那你去叫警察呀！"

老陈一听，姑娘的口气不对，自己并没有说她拿了，只是询问一下，她这不是"此地无银三百两"吗？

老陈明白，自己只有一个人，一旦离开小摊，她把赃物转移，那就再没希望讨回了。如果和她来"硬"的，只会把关系弄僵。于是，他决定来"软"的，他笑了笑说："我也没说是你拿了，是不是忙中出错，混到衣服堆里去了。"这话很有分寸，既表明了自己的怀疑和对钱包去向的判断，又能让姑娘下台阶。

这时有人来买东西，打断了对话。他摆出了打"持久战"的架势，盯着货摊。姑娘显得有些心神不安。

等货摊又只剩他俩时，他压低声音悄悄地说："姑娘，我远道而来照顾了你的生意，你应该想法帮我找找钱包才是啊！我看你年纪轻轻的，在这个热闹街道摆摊，一个月收入肯定也不少，信誉要紧呐！"这话有恳求、有开导，还有暗示，说得姑娘低下了头，显然在进行思想斗争。

他继续道："还有，我的卡里有部分钱是我的同事托我买结婚用的彩电的。要是丢了，我一个工薪阶层，哪里赔得起呀？我这一大把年纪了，还出这种事，叫我怎么有脸回去见人啊！姑娘，你就替我仔细找找吧。"

姑娘终于经不住他的软言相劝，说："我给你找找看。"

他说："我知道你会帮助我的。"

果然，姑娘就在货摊前翻了一阵子，最后在衣服堆里"找"出了钱包，羞答答地还给了老陈。

心理成长

软硬兼施是灵活运用语言的一种有效方法。老陈一看"硬"的不行，马上改变战术，以软求胜。老陈柔言慢语，不但使钱包失而复得，而且挽救了一个几乎沦为小偷的女青年。

妙语带来好生意

两位失去工作的女士，都在路边开了一个早点铺，都卖包子和油茶。一位生意日渐兴旺，一位三个月后就没了生意，据说都是因一个鸡蛋的原因。生意逐渐兴旺的那家，每当顾客要油茶时，总是问："油茶里打一个鸡蛋还是两个鸡蛋？"

垮掉的那一家却是这样一说："油茶里要不要鸡蛋？"两种不同的问法便产生了不同的效果：第一家总能卖出较多的鸡蛋，盈利就大，生意也就做下去了；另一家鸡蛋卖得少的，盈利就小，日子一长，亏本渐多，最后只好收摊不做了。

盈利与亏本之间仅仅是一个鸡蛋的距离，其实又何尝不是一句话的距离呢？"要一个鸡蛋还是两个鸡蛋"和"要不要鸡蛋"这两句话里面，真的是大有学问。就像我们问客人"要咖啡还是茶"，一般都会选择其中一样来饮用；而问"要不要喝点什么"，大部分人会说"别麻烦了"。这是语言的作用。所以，当我们走进一家蛋糕店，问："这蛋糕新鲜吗？"老板肯定会回答你"新鲜"，因为他没有理由说自己的蛋糕不新鲜。但你换种问话方式："老板，今天哪种蛋糕最新鲜？"老板会很愉快地向你推荐自己店内的得意产品。

有这样一个故事：二战后，一个日本商人经营小吃店，买卖很好。在最初，他一般是把东西包好后，常常礼貌地问顾客："先生，是您自己带回去呢，还是给您送回去？"顾客多选择后者，这样，店员要不断地给顾客送货，导致人手紧张，经营成本提高了。后来有人出了一个主意，让商人改说："先生，是给您送回去呢，还是您自己带回去？"结果，顾客听后都说："还是我自己带回去吧。"

话说长了，大部分人注意的是最后一句。尤其是选择问句，很多人对后一个问题印象深刻。商人换了一下说话的语序，既达到了减少成本的目的，又不违背文明服务的宗旨，何乐不为呢？妙换一下语序，不仅仅是经营理念问题，更是商家的一种机智体现。

还是一家小饭馆，一位顾客初次来吃饭，拿着菜谱不知道点什么好。服务生一着急，说："先生，这样吧，我们这里有什么你就吃什么吧。"顾客不高兴了，"看不起我啊。"老板听见了，赶紧打圆场，说："先生，他的意思是，你吃什么我们这里就有什么，包你满意。"顾客转怒为笑："你这个老板很有意思。"后来，这位顾客让老板推荐了几个好菜，尽兴离去。说话要客气，不要气客，显然这个服务生说话冒失了，好在老板抓住了说话的诀窍，以自己的机智巧妙化解了一场不快。

老舍先生在《语言与生活》一文中曾说到，过去饭馆的伙计为了多拉生意，常对客人假充熟人。客人一进来，他就笑着说："来了，您，这边请！"然后麻利地擦一遍干干净净的桌子，安排客人坐下，再笑着问："今天您再吃点什么？"顾客心里很舒服。因为这句话里面包含着客人经常在这儿吃饭，是自己人的意思。这样热情的伙计，这样周到的服务，

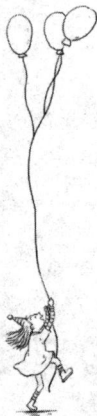

这样暖人心的话语，买卖能不兴隆吗？

有位女士不小心摔在一家整洁的铺着木地板的商店里，手中的奶油蛋糕弄脏了商店的地板，便歉意地向老板笑笑，不料老板却说："真对不起，我代表我们的地板向您致歉，它太喜欢吃您的蛋糕了！"于是女士笑了，笑得挺灿烂。老板的热心打动了他，她也决心"投桃报李"，买了好几样东西后才离开了那里。

心理成长

与人交往沟通，除了要有一颗真诚的心，还需重视语言的作用，抓住说话的诀窍。良好的沟通语言，既能为我们营建良好的人际关系，还能帮我们创造财富。

卡耐基认错有术

卡耐基经常带一条小猎狗去散步，有一天，一位警察告诫他带小狗外出一定要按照规定系上链子或戴上口罩。卡耐基毕恭毕敬地答应了。

开始几天，卡耐基按警察说的做了，一段时间过后，他觉得麻烦，索性就不遵守规定了。

有一天下午，卡耐基和小狗在一个小山坡上赛跑，突然那位警察又出现了，卡耐基一看：坏事了。

卡耐基很明白事情的后果，所以他没有等警察开口就自我请罪，说："警官先生，这下你可以当场逮到我了。我有罪，我没有托词，没有借口了。你上星期警告过我，若是再带小狗出来而不给它戴口罩，你就要惩罚我。"

警察说话出乎意料地客气，说："好说，好说，我晓得在没有人的时候，谁也忍不住要带这么一条小狗出来溜达。"

卡耐基忙说道："的确是忍不住，但这是违法的。"

见卡耐基这么诚心认错，警察反倒为卡耐基开脱，说："不过像这样的小狗大概也不会咬人吧。"

卡耐基说："不，它会咬死松鼠的。"

警察对他说："哦，你大概把事情看得太严重了。我们这样办吧，你只要让它跑过小山，到我看不见的地方，事情就算了。"

卡耐基在整个事件中没有与警察正面交锋，而是主动承认自己有错，承认警察正确，而且是以爽快坦白、真诚的态度承认的。由此可见，犯了错误，应该勇于承认，坚决改正，只要诚心诚意去改，就一定会得到理解。

大凶与大吉

有一年楚国攻打吴国，吴国势单力薄，吴王派沮卫给楚军送一份厚礼，顺便了解一点军情。谁知沮卫被楚兵抓住了，被绑得紧紧的，楚将说要杀了他拿来衅鼓（杀牲口或人，用血涂新鼓上的缝隙）。

面对死亡，沮卫不慌不忙，面无惧色。楚将惊奇地问他："你出发前占卜过吗？"

"占卜过的。"

"吉凶如何？"楚将望着被五花大绑的沮卫，扬扬得意地问道。

"大吉。"沮卫的答案正和楚将想要得到的答案相反。

楚将高声大笑："如今就要杀掉你了，还有什么大吉啊！"

沮卫的答话仍然出乎楚将的意料："吴王派我来，目的就是要试探你们的态度。如果你们对我以礼相待，那么，吴国就会放松戒备；如果你们杀了我，还拿我的血衅鼓，吴国一

定会百倍警惕。这对吴国不正是件天大的好事吗？"

"然而你自己完蛋啦，这怎么能说是大吉呢？"楚将追问道。沮卫应答："我占卜是问国家前途，并非为我个人。如果杀了我就能保全整个国家，这怎么不是大吉呢？更何况人死了便没有知觉了，拿我来衅鼓对你们有何好处？要是人死了仍有灵魂，那么，我的灵魂肯定要附在你们的鼓上，在战斗最激烈的时候显灵，让你们的战鼓发不出响声，使你们一败涂地！"

楚将听了，束手无策，思虑再三，总感到杀沮卫衅鼓一无是处，只得长叹一声说："算了，放了他吧！"

心理成长

沮卫抓住对话要点，针锋相对，然后他从出使的目的、吴国的国策和个人的命运及生的意义与死后的作为等方面进行透彻精辟的分析，迫使对方放弃原有的想法，达到了威慑对方、保全自身的目的。

林肯原则

林肯是个杰出的作家和公众演说家，他与人交谈的艺术造诣深厚。不论是才华横溢的科学家、老谋深算的政客、远道来访的外国元首，还是穷乡僻壤的纯朴农民，他都能与之交谈。他极富幽默感，往往在谈话中插进机智幽默的故事和趣闻来增强说服力。

林肯当了总统以后，讲故事主要是为了达到某一目的，而不是为了娱乐。一名他当律师时的艺徒叙述道，他这时讲故事主要是"为了公事，用故事来暗示或加强一个论点"。林肯在此再次把他的特长在领导作用中发挥到了极致。他认识到，故事对人们有说服力。在一次谈话中，他谈到了这一点："有人说我讲好多好多故事，我想确实如此。我从长期的经验中了解到，普通民众终日劳碌，举一易于理解而又幽默风趣的例子，比用别的任何方式都更容易影响他们……"

当林肯第一次向内阁成员展示"解放宣言"的原稿时，

他读完以后，财政部长蔡斯居然大胆地打破沉默，提出几点修改建议，然后所有内阁成员都对这份文件评点了一番。林肯说："先生们，这倒使我想起一个出门人的故事：在回家的路上，他遇见了一个在他农场里干活的工人，这工人对他说：'主人，小猪都死了，还有，老母猪也死了，我不想一次性全告诉你。'"

让我们记住林肯的一些原则吧，也许能够让你更出色：

和别人见面时，尽力不要让任何一方在分手时留下不快的印象。

和人交谈时，要用简单亲切的语言，不要有任何优越感；要给人留下这样的感觉：他们和你从小就相识。

切莫忘记，幽默是一种重要的说服他人的方法。

笑得痛快对身心健康都有好处。

记住，用浅显幽默的例证比用其他任何别的方式都更容易影响人们。

如果能用一个简单的故事说明你的观点，那就往往能避免别人冗长无味的议论和自己费力的解释。

一个选得合适的故事能减轻拒绝或者批评造成的尖锐刺激，这样既达到了目的又避免了伤感情。

心理成长

　　林肯被公认为美国历史上最伟大的总统之一，他领导了"废奴运动"，维护了国家的统一，为美国的工业化开创了广阔的前景。他的演讲艺术与领导原则，在这一过程中起到了非常重要的作用。

看准前进方向

战国时期，魏王想攻打赵国，遭到了魏国大夫季梁的反对。

为了说服魏王，季梁举了一个例子：

"楚国在南方，有一个想到楚国去的人却乘着马车往北去了。当我指出他走错了方向时，那人回答说他的马是匹好马。我说：'你的马虽然好，可是你走的并不是去楚国的路呀！'"

"那人又说：'不怕，我有的是路费。'我说：'你的路费多又有什么用呢？不管怎么走，也不能到达目的地。'"

"那人说：'我的车夫是百里挑一的赶车能手！'我说：'你难道不知道，你的条件越好，如果方向不对，就会离楚国越来越远吗？'"

魏王听了季梁讲的故事，觉得很好笑，就问季梁："这是你编的故事吧，天下真有这样糊涂的人吗？"季梁说："有，他就在我们魏国。"魏王说:"你倒说说看。"

季梁说:"比如您吧,您的志向是建立霸业,统领诸侯。为此,您不惜用我们精良的军队去攻打赵国,靠欺负弱小国家来扩大魏国的土地。可是,这样做只会离您的志向越来越远,这不正和那个想到楚国去的人一样糊涂吗?"

魏王觉得季梁的话很有道理,于是打消了攻打赵国的念头。

心理成长

批评、责备、攻击等不理性的行为都是沟通的刽子手,只会使事情恶化;不懂得尊重对方的沟通,不会有好的效果。魏国大夫季梁避开矛盾的锋芒,婉言相劝,既给足了魏王的面子,又点到了问题的弊端,所以沟通很顺畅,达到了良好的效果。

"不可救药"的男孩

巴拉克老师手里拿着一封信,思绪回到了很多年前。

那是一个人人都讨厌的顽劣少年，每天创造数不胜数的祸端。曾经的任课老师都觉得他无药可救，最终的归宿一定是监狱。男孩多次换班转学，最后来到了巴拉克老师的班级，男孩依然张狂，老师却并不发怒，暗地寻找着降伏他的秘密武器。就在翻开男孩无意丢失的本子时，老师看见了一篇又一篇优美而神奇的文字。

老师微笑起来，挥笔写下：你一定能成为像歌德一样伟大的诗人！"我，我的天！"男孩完全不相信自己的眼睛。要知道，歌德是全世界著名的诗人，是整个德国的骄傲。男孩嘀咕着："真是一个笑话，我怎么可能成为歌德那样伟大的诗人呢？"老师说："不，不是笑话！只要你愿意，就一定能行！"

"我当然愿意！请告诉我该怎么做。"男孩的眼里闪烁着光芒。老师点点头，说："要想像歌德一样伟大，就要像歌德一样做人——勤奋学习，与人为善，负有责任……"

从此，"像歌德一样"成为男孩的目标，很多年后，男孩写出了《罗蕾莱》《德国，一个冬天的童话》等作品，成为继歌德之后德国伟大的诗人之一，这个男孩的名字叫海涅。

巴拉克老师的目光再次停驻在那封热情洋溢的信上："是你，给了我一面旗帜，避免了我迷失在黑暗中……"

"不可救药"的男孩，要不是遇上巴拉克这位充满爱心、极善引导的好老师，一位天才的诗人很可能就毁了。循循善诱，给孩子指一条最适合他的路，就是为孩子树了一面引领他走向理想境地的大旗。

优雅的示意

在上海举办的第四十八届世乒赛中，有一场残酷的淘汰赛，中国选手刘国正对德国乒坛名将波尔。胜者进入下一轮比赛，负者将淘汰出局。两强相遇，难分胜负，赛事追加到第七局决胜局。眼看着刘国正以 12 比 13 落后，再输一分就面临淘汰。极度沸腾的场馆顿时寂静无声，观众们都屏住了呼吸。

刘国正在万众瞩目中一个回球，结束了比赛。可台下有人在呼叫："回球出界了！"刘国正自己也好像蒙了，愣愣地站在那里。波尔的教练起立狂欢，准备冲进场内拥抱弟子。

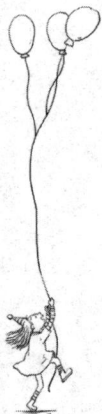

就在此时，波尔却优雅地伸手示意，指向台边说："这是一个擦边球，该刘国正得分。"刘国正反败为胜。

面对这个结局，赛场上响起了雷鸣般的掌声，为获胜的刘国正，更为失利的波尔。

波尔的比赛之路很不顺利，无数次的拼杀都让他与冠军失之交臂。这一次，只要赢得那一分，他就可以顺利晋级，向着目标和梦想靠近一步。这个宝贵的球是否擦边，观众是根本看不到的，刘国正也没有十足把握。即便是裁判，也可能错判。波尔却毫不犹豫地选择了主动示意。

赛后，当记者们追问波尔为何要这么做时，他说："公正让我别无选择！"波尔被自己的无情淘汰了，却赢得了世人永远的尊重。

心理成长

"蒙"过去太容易，但内心会不安。球技可练，人品无价，无论是行动上，还是言语上，波尔都是值得我们敬佩的。

【成长箴言】

　　培养好口才，最好的办法就是坚持让它成为生活中的一部分。

　　外在支持箴言：

1. 亲子共读——将聆听、阅读和表达的过程从平面拉升至立体，这无疑也是一种讨巧的办法。

2. 营造"说话"的氛围——周末的日子里，大家唇枪舌剑地展开辩论，也不失为一个很有效的锻炼了孩子反应能力和语言组织能力的妙招。

3. 多做"语言游戏"，玩出语言的趣味——为孩子打造一些有意思的舞台,比如"电台脱口秀""联谊话剧节"玩"绕口令"，一定可以让练口才变成一件很好玩儿的事情!

4. 多提供同龄社交的平台——同龄孩子一起相处，应相

互学习、相互感染，在"玩"中共同进步，同时语言
表达能力也得到了充分锻炼，可谓是"一举三得"！

5. 来自家长或校园的鼓励和锻炼——锻炼孩子的胆量，
鼓起孩子说话的勇气，是走向好口才的第一步。

6. 抓住孩子口才锻炼的关键期——对于孩子来说，6岁
到13岁是练就好口才的最佳年龄段。经过父母和老
师有目的的引导、教育，挖掘孩子口才的天赋和潜力，
拥有一副好口才指日可待。

内在学习箴言：

1. 打好语言基础——孩子语音不标准，有年龄小这一生
理因素，但后天还需要认真纠正。

2. 心理素质要强大——内因起决定因素，孩子"敢说，
愿意说"，才有可能赢得好口才。

3. 学会速读和背诵——快速地朗读、认真地背诵记忆，
在于锻炼人口齿伶俐，语音准确，吐字清晰。

4. 加强知识和技能储备——俗话说："巧妇难为无米之
炊"，练就好口才的前提，是孩子需具备广博的知识
和良好的语言习惯。

5. 注意说话时的心态——要想达到你的目的，最好用温

和而真诚的态度与人讲话。

6. 晓得听众的心理需求——抓住人心的捷径，在于以对方最关心的问题为话题。

7. 说话艺术——世界上有三种人：傻瓜、聪明人和智慧人。傻瓜用嘴说话，聪明人用脑说话，智慧人用心说话。声不在大，余音绕梁就行；话不在多，打动人心就好！

8. 说话法则——两只耳朵一张嘴。

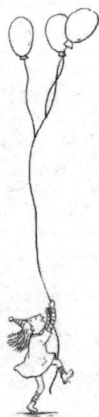